一頁 folio

始 于 一 页 ， 抵 达 世 界

法西斯谎言简史

A BRIEF HISTORY OF FASCIST LIES

FEDERICO FINCHELSTEIN

[阿根廷] 费德里科 · 芬切尔斯坦 著

张见微 译

辽宁人民出版社

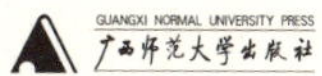

目 录

导论

你看到的和你读到的并非真实发生的。

——唐纳德·特朗普，2018 年

一场真相与谎言之间的斗争从那时拉开了帷幕。一如既往，这场斗争将以真相的胜利而告终。

——阿道夫·希特勒，1941 年

你们一定要相信我，因为我有在任何地方总是说真话的习惯——我的生命正是以此维系。

——贝尼托·墨索里尼，1924 年

法西斯主义历史带来的一个重要教训是，种族主义的谎言会导致极端的政治暴力。如今，谎言又重新掌权。法西斯主义历史的这一教训比以往更加重要。如果想要了解我们棘手的当下，就需要关注法西斯意识形态家的历史，关注他们的修辞是如何以及为何导致了大屠杀、战争和毁灭。我们需要历史来提醒我们，暴力和种族主义是怎样在如此短的时间内大行其道的。纳粹党人和其他法西斯分子是如何掌权并杀害数百万人的？答案是，他们是通过散布意识形态谎言得逞的。法西斯分子的政治权力在很大程度上源自对真相的收买和对谎言的广泛宣传。

今天，我们看到世界各地涌现出了一波新的右翼民粹领袖。而就像过去的法西斯领袖一样，他们的政治权力在很大程度上源自对现实的质疑，对神话、愤怒和偏执的支持，以及对谎言的宣扬。

在本书中，我对法西斯分子如何利用政治谎言以及如何理解真相进行了历史分析。在当下这个时而被称为后法西斯，时而被称作后真相的时代，这已然成为一个极具切身性的问题。本书提出了一个历史学框架，通过思考法西斯主义政治中的谎言史，来帮助我们思考政治谎言在当下的运用。

当然，撒谎和政治一样古老。在政治权力斗争的历史中，宣传、伪善和矫饰无处不在。以更大的善为名掩盖真相，是大多数——如果不是所有——政治史的标志。自由党人、君主、民主党人、僭主也屡屡说谎。可以肯定的是，法西斯分子不是他们那个时代唯一的说谎者，他们的后代也不是我们这个时代唯一的说谎者。事实上，德国犹太哲学家马克斯·霍克海默曾指出，真理服从权力是现代性的核心。[1]但同样的论点也适用于古代。在更近的历史中研究法西斯主义说谎者，不应意味着放过自由党人和保守党人。确实，谎言和对真相的弹性理解是许多政治运动的特点。[2]但我想在本书中表明的一点是，法西斯主义和如今民粹主义的撒谎者自成一格。

法西斯分子在政治活动中的那种撒谎绝非典型。差异并不是程度上的，即使程度上的差异很明显。说谎是法西斯主义的一个特征，而其他那些政治传统则不然。比如，撒谎在自由主义那里只是附带的。事实上，就法西斯主义的欺骗而言，它们与历史上其他形式的政治活动几无共同之处。它们超越了政治两面派的更为传统的形式。法西斯分子认为他们的谎言是为朴素而绝对的真理服务，而这些真理实际上是更大的谎言。因此，他们的政治谎言需要一部独有的历史。

本书阐述了法西斯分子对真相所持的立场，这种立场奠定了法西斯主义谎言史形成的基础。从奥斯陆到匹兹堡，从克赖斯特彻奇到波威*，每当法西斯恐怖分子在将谎言当成现实后决定以致命的暴力采取行动时，这段历史就会再次在我们的当下敲响警钟。

我写完这本书时，正值一名法西斯分子在得克萨斯州埃尔帕索的一家沃尔玛超市杀害了二十个人，这是美国历史上针对西班牙裔的最严重的袭击。这名法西斯恐怖分子援引了一个与实际历史和现实毫无关系的“真相”来支持自己的行径。是的，他发表了简短的宣言，标题中提到了“不愿面对的真相”。凶手坚称自己的袭击是对西班牙裔入侵者的先发制人，“我不是煽动者，他们才是”。他尤其关注西班牙裔移民在美国出生的孩子，显然，他并不认为这些孩子是真正的美国人。借此，他宣扬起自己以及其他一些人信奉的确定美国公民身份或合法地位的标准，这一卑鄙的、带有种族主义色彩的衡量标准以从未发生过的事情为依据：移民没有携带征服或污染的意图跨越美国边境。但这并不是白人至上的种

* 克赖斯特彻奇为新西兰第三大城市，2019 年 3 月 15 日发生清真寺枪击案，造成 51 人死亡、50 人受伤。波威位于美国加州，2019 年 4 月 27 日发生犹太会堂枪击案，造成 1 人死亡、3 人受伤。——本书脚注皆为译者注

族主义意识形态所宣称的。

法西斯种族主义本身是基于这样一种谎言，即人类按等级划分为优等种族和劣等种族两种，以及这样一种十足偏执狂的幻想，即劣等的种族以统治优等的种族为目标，而这就是为什么白人种族需要采取先发制人的行动来保护自己。正是这样的谎言导致了这场谋杀。这已不是什么新鲜事：恐怖分子将谎言和死亡混为一谈，或将其种族主义和极权主义观点投射到受害者的意图上。法西斯主义者先前便曾一次次以伪装成真相的谎言为名展开杀戮。但与以往的法西斯主义历史不同的是，这一回，法西斯主义者与当权的民粹主义者分享着共同的目标。换句话说，他们的种族主义观点与白宫领导层的想法是一致的。

法西斯主义自下而上地作祟，却自上而下地正当化。当巴西总统博索纳罗公开诋毁非洲裔巴西人，当美国总统特朗普称墨西哥人是强奸犯或是乘着“大篷车”的“入侵者”时，他们就让其部分政治追随者的法西斯主义思维正当化了。种族主义的谎言反过来又会在公共话语中迅速繁殖。正如《纽约时报》在埃尔帕索枪击案发生后所作的说明：“在去年中期选举前的竞选集会上，特朗普总统曾多次警告说，那些前往边境的移民正在攻击美国。‘你们仔细看那阵势，那是入侵！’他在一次集会上宣称。他这话的余音未绝，九个月后，埃尔帕索市的一家沃尔玛超市枪声响起，二十人丧命，数十人受伤，开枪者是一名二十一岁的白人男子，在此之前，他曾写下一份谴责移民的宣言，宣称‘此次袭击是对西班牙裔入侵得克萨斯州的回应’。”[3]

诱使埃尔帕索的凶手行凶的谎言，也位于特朗普主义及其所谓的“让美国再次伟大”的努力的核心。在会被永久记录下来的事情上撒谎，已成为美国总统日常工作的一部分。特朗普不断运用特定的宣传手段不计后果地撒谎，用偏执和怨恨取代理性辩论，使现实本身受到质疑。[4]他对主流媒体的攻击，他频频否认自己说过一些事实上已成为公共记录的话，这些都与本书所分析的法西斯主义谎言史有关。

此外，特朗普的议程将意识形态前提——通常基于对那些身份、感受或行为有别的人的偏执性假想——转化为实际政治，包括专门针对穆斯林和拉丁裔移民所采取的种族主义措施，以及诋毁黑人居住的社区和街区、黑人记者和黑人政客。与此同时，他还为参加弗吉尼亚州夏洛茨维尔游行的白人民族主义抗议者辩护，他们杀害了一名反对抗议者。[5] 正如伊沙恩·塔鲁尔在《华盛顿邮报》上解释的，“他一边妖魔化、贬低或攻击移民和少数族裔，一边在他的选民基本盘中煽动白人民族主义者的不满情绪。就在最近几周，总统发表了长篇讲话，激烈地攻击少数族裔国会女议员，称美国的内城区为‘害虫横行’之地。在 2018 年中期选举之前和现在，随着其连任竞选活动进入高潮，他煽动人们对美墨边境移民‘入侵’的恐惧和愤怒，警告说这个国家正处于生死存亡的险境之中”。[6]

白宫怎么可能会唆使法西斯主义恐怖分子的行为呢？正如我在上一本书——《从法西斯主义到民粹主义》中解释的，我们正目睹法西斯主义和民粹主义的历史进入新阶段，这两种不同的政治意识形态现在有一个共同的目标，即煽动仇外情绪，并放任其演变成政治暴力。法西斯主义杀手和民粹主义政客的目标是共通的。

与法西斯主义相比，民粹主义是对民主的一种威权式（authoritarian）理解，它将 1945 年后法西斯主义的遗产盘活，以将其与各色的民主程序结合。在法西斯主义被挫败之后，民粹主义以一种后法西斯主义的形式出现，它根据民主时代的要求将法西斯主义改头换面。换句话来讲，民粹主义是适应了民主的法西斯主义。

在美国，无需惊讶那些与特朗普的意识形态一致的人会使用政治暴力，从在街头骚扰移民到向那些被特朗普贴上“人民公敌”标签的人邮寄炸弹。这些形式各异的政治暴力并不受美国政府及其领导层的指挥。然而在道德和伦理上，特朗普对暴力氛围的助长负有责任。[7]

这种暴力氛围是以被重新包装成真相的种族主义谎言为名煽动的。[8] 这与历史上法西斯主义者说谎的情形何其相似。事实上，德美两国的法西斯主义之间有着深厚的历史渊源。20 世纪早期，纳粹党很欣赏美国的种族主义和隔离政策，以吉姆 · 克劳法为蓝本制定的《纽伦堡法》，正式将公共领域的种族隔离合法化。[9] 希特勒本人很欣赏德国作家卡尔 · 迈 * 写的关于雅利安人征服美国西部的故事。如今，希特勒的意识形态在美国新纳粹的信仰中产生了回响，这些新纳粹认为自己是雅利安人遗产的继承者，有责任保卫它免遭侵犯。

* 卡尔 · 迈（1842—1912），德国作家，靠狱中阅读自学成才，以创作旅行和冒险故事为主，死后声名鹊起。

得益于后见之明，我们知道法西斯主义的谎言造成了可怕的后果，知道法西斯主义的谎言变成现实时发生了什么。德国法西斯主义的成功，不仅是因为有许多人支持希特勒的种族主义政策，也是因为有许多人根本不在乎国家社会主义的一个决定性要素是种族主义。当时和现在的关键区别在于，现在出现了大量声音，谴责总统的种族主义谎言及其对美国社会各行各业的影响。相比于希特勒和墨索里尼翦除新闻自由的独裁时代，独立的新闻媒体在今天的美国继续发挥着作用。新闻媒体的工作对民主来说至关重要。指责媒体撒谎和不值得信任，依据的是在本书中得到分析的观点，即只有领袖才能成为真相的来源。在美国总统妖魔化记者，甚至称他们为“人民公敌”的时候，独立媒体继续对谎言加以报道，对事实加以确证。

这不仅仅是一个美国故事。在巴西，被称为“热带特朗普”的博索纳罗同样妖魔化记者，美化巴西的独裁政策，为与环境有关的卑劣谎言背书。面对气候变化的事实，特朗普和博索纳罗都支持捏造证据，以掩盖当今世界上最大的罪行之一——亚马孙流域的迅速破坏。就像法西斯主义者关于“血与土”的谎言，民粹主义者的谎言与暴力相连，不仅与人类为敌，也与地球为敌。正如《卫报》所报道的，亚马孙森林“近年来正在以最悚人的速度遭到烧毁和砍伐……相当于每天有一个曼哈顿岛被清除”。博索纳罗否认在其治下森林砍伐指数增长这一事实，并指责本国的国家机关提供“虚假数据”。据《纽约时报》报道，“这种说法纯属无稽之谈”。[10]

正如法西斯主义的历史所表明的，质疑这些谎言对民主的存续至关重要。特朗普没有真凭实据便煽起人们对选举制度的怀疑，对此，我们不应掉以轻心。举例而言，他声称，2016 年加州有数百万非法移民将票投给了希拉里，而其他州也存在选举舞弊的行为——但他无法证明。类似这种以及其他反复出现的特朗普主义者撒谎的例子是对民主的严重侵害。他们采用的手段动摇了人们对民主制度的信心，法西斯主义者就曾这么干过，然而，就目前的情况来看，两者之间存在一个关键区别：民粹主义者只是想削弱代议制民主的力量，而法西斯主义者则想要彻底终结民主。如今我们知道，民主需要得到积极的捍卫，因为民主制度和传统并不像许多人认为的那样强大。事实上，谎言可以摧毁民主。

本书旨在理解为什么 20 世纪的法西斯主义者将简

单的、往往是可憎的谎言视为真相，以及为什么其他人会相信。从历史上看，非民主政治一直是以谎言作为开端，而这一事实给法西斯主义的受害者带来了灾难性的后果。仅仅出于这个原因，研究现代政治暴力、种族主义和种族灭绝的历史学家就不能将说谎的历史排除在探究之外。

20 世纪著名的法西斯主义领袖——从墨索里尼到希特勒——都视谎言为真理，视自己为真理的化身。这是他们理解权力、人民主权和历史的核心。他们用一个建立在神话逻辑之上的世界来替换这个世界，让真与假无法区分。[11] 在法西斯主义中，神话真理取代了事实真理。

当下，谎言似乎又要逐渐取代经验真理。随着事实往往以“假新闻”的面目出现而否认事实者的想法却成了政府的政策，我们必须记住一点，当前关于“后真相”的讨论有其政治和思想上的渊源，即法西斯主义谎言的历史。

第一章

论法西斯主义的谎言

有些人说得有鼻子有眼，却没有一句真话，气得我照着他们的脸就是一拳。证人们尝到了我的厉害，又编出一套谎话。我不相信，但不敢置之不理。*

——豪尔赫·路易斯·博尔赫斯

最著名的法西斯主义宣传家、纳粹领袖约瑟夫·戈培尔说，将谎言重复成真理是纳粹主义的核心。这句话经常被误引，导致了一种法西斯主义形象的产生，好像法西斯分子充分意识到自己蓄意造假的程度。[1]法西斯主义的核心是欺骗吗？说谎者相信自己撒的谎吗？他们能够识别虚假吗？当戈培尔说希特勒无所不知、“天命所归”[2]时，他是否真的具备一种基于现实的知识概念？

---

* 出自博尔赫斯短篇小说集《阿莱夫》中的《门槛旁边的人》，译文据王永年。

这很复杂。事实上，戈培尔曾经伪造并发布过自己遇刺的消息，后来他把这一消息作为事实“刊登”在自己的日记中。这些日记并非写给公众看的，而是在他死后多年才出版。他还在其中一次次提到自己的演讲取得的“成功”，它们得到了他所控制的媒体的称颂。[3] 是戈培尔在自欺，还是他真的相信存在一种超越实证的真理形式？难道他想要编造一个新的现实吗？当然，从基于现实的角度看，编造谎言与信奉一种魔幻的真理观念毫无区别，都是在逃避真实。戈培尔分明是在通过发明另一种现实来欺骗自己，但他和大多数跨国的法西斯主义者都不这么认为。

对于戈培尔这样的法西斯主义者来说，知识是一个关乎信仰的问题,尤其是对法西斯主义领袖神话的深信。正如操纵或发明事实是法西斯主义的一个关键维度，对超越事实的真理的信仰也是其关键维度。法西斯主义者并不认为真理与宣传之间存在矛盾。

戈培尔将宣传定义为“一种艺术，不是怎样去说谎或歪曲，而是如何去倾听‘人民的灵魂’和‘用一个人能听懂的语言跟他讲话’”。正如历史学家理查德 · 埃文斯*评论到的，“纳粹党人的行动基于这样一个前提，即他们且只有他们，通过希特勒，对德国人的灵魂有了内在的认识和理解”。[4]真理源自灵魂这种想法，是信奉无法证实的绝对确定性的结果。

每当阿道夫·希特勒要颠倒是非的时候，作为症候性的表现，他会谈论起大是大非。在他的理解中，与他的种族主义理论相悖的事实都是谎言。他的世界观建立在一个无需实证的真理概念之上。换句话说，对我们大多数人来说是真的东西（可证实的因果关系的结果），对他来说却有可能是假的。我们当中的大多数认为是谎言或捏造的事实，在他看来却是真相的高级形式。就像当今的民粹主义媒体所宣称的，希特勒将自己对真相的不诚实投射到他的敌人身上，从而颠覆了现实。他谎称说谎者是犹太人，而非他。他说起谎来就好像他代表了真理。他指责犹太人“大大地扭曲了真相”。但希特勒却将这一实际真相等同于他所信奉和宣扬的反犹太神话。

* 理查德·埃文斯（1947—　），英国历史学家，曾任剑桥大学钦定历史学讲席教授，以对纳粹德国的研究著称，著有《第三帝国三部曲》等。

> 在利用谎言和诽谤方面，首屈一指的行家一直是犹太人；毕竟，他们整个的存在是建立在这个巨大的谎言之上，即他们是一个宗教群体，但实际上他们是一个种族——一个种族！人类最伟大的头脑之一［叔本华］已一针见血地戳破他们：他称他们为“谎言大师”；这个说法是颠扑不破的。任何认识不到或不愿相信这一点的人，将无法帮助真理在这个世界上取胜。[5]

在1930年代和1940年代，不仅希特勒，阿根廷和世界各地的其他许多法西斯主义者都视反犹太神话为真理的体现——德国犹太哲学家恩斯特·卡西尔称之为“依照计划的神话”。[6]法西斯主义者幻想出一个新的现实，然后去改变实存的现实。因此，他们重新划定了神话与现实之间的边界。神话在取代现实时所凭借的政策，旨在依照种族主义相信的谎言重塑世界。当反犹太主义的谎言声称犹太人天生肮脏且会传染，因此应该被杀掉，纳粹党人则在隔都（ghetto）和集中营里创造条件，让污秽和广泛传播的疾病变成现实。犹太囚犯在忍饥挨饿、受尽折磨、彻底沦为非人之后，变成了纳粹党人打算让他们成为的样子，也就可以被名正言顺地杀掉。

法西斯主义者通过将隐喻变成现实的方法，追求与经验世界不相符的真相。法西斯的意识形态谎言没有丝毫真实之处，然而其追随者却想让它们足够真实。于是凡是他们亲眼所见的和不喜欢的，皆被设想为非真实。墨索里尼认为，法西斯主义的一个核心任务就是否认民主制度的谎言。他还将法西斯主义的真理与民主的“谎言”相对立。道成肉身原则是领袖（il Duce）的这一神话式对立的核心。他相信一种超越民主常识的真理，因为它是先验的（transcendental）。他回忆道：“在我生命中的某个时刻，我曾冒着不被群众看好的风险，向他们宣布我所认为的新的真理、神圣的真理（la verità santa）。”[7]

对墨索里尼来说，现实必须遵循神话的要求。如果人们一开始就不相信，事情就难办了；他们的怀疑也需要受到质疑。法西斯主义的神话框架植根于法西斯主义的民族神话。他宣称，“我们希望将［这一神话］全然变成现实”。神话可以改变现实，现实却不能妨碍神话。法西斯主义的这一神圣真理，同样是由法西斯的真理与敌人的虚伪本性之间的奇特界限所定义。敌人处在真理的对立面，有的只是谎言。在欧洲边境地区，人们陷入“对俄国神话的执迷”，对布尔什维主义着了魔，但墨索里尼认为这些与自己竞争的神话是虚假的，因为它们反对基于极端民族主义的绝对真理，当然也反对他的领袖神话。[8] 他说：“我们将其他一切置于［这一领袖神话］之下。”[9]

在将神话进行现代化的过程中，法西斯主义者将神话从个人信仰问题转变成政治认同的主要形式。根据这一改写，真正的政治是古老而暴力的内在自我的投射，这种自我在被应用于政治时，克服了理性的诡计。如此一番操作，法西斯主义者便可以把一切符合其意识形态目标、假定和欲望的东西定义为真实。

法西斯主义的这一神话维度是反民主的。从历史上看，民主乃是建立在与谎言、错误的信念和信息相对立的真理的概念之上。[10] 与此相反，法西斯主义者提出了一种关于独裁统治的激进的真理观念。正如历史学家罗伯特·帕克斯顿* 解释的，对法西斯主义者来说，“凡

---

* 罗伯特·帕克斯顿（1932— ），美国历史学家，主要研究方向为二战时期维希法国的社会政治史和纳粹主义的兴起，著有《法西斯主义的解剖》等。

是允许新的法西斯主义者支配他人的，凡是让上帝的选民取胜的，都是真理。法西斯主义不依赖于其信条的正确，而是依赖于领袖与其人民的历史命运的神秘结合。这让人联想到浪漫主义者关于民族历史的繁荣、关于艺术或精神上的个体天才的观念，不过法西斯主义在其他方面否定浪漫主义对无拘无束的个人创造力的推崇”。[11]

法西斯主义者将人民、国家和领袖这三者隐喻性的统一，建立在将神话视为真理的终极形式之上。但他们这样的做法不乏先例。真理与谎言在法西斯主义中的异乎寻常的地位，不过是真理与政治漫长的关系史中反复出现的一个方面。在哲学家汉娜·阿伦特看来，政治史总是呈现出与真理的紧张，而法西斯主义对这种紧张的解决，意味着对政治的破坏。要界定法西斯主义，其中一点便是有组织地撒谎。只有领袖规定的事实（和谎言）才可以被接受为真相。

以宣扬另一种现实为名歪曲真相，是法西斯主义历史上常出现的现象。西班牙法西斯独裁者弗朗西斯科·佛朗哥否认自己参与过对格尔尼卡的可怕轰炸，这是他最大的战争罪行之一，造成了上千人死亡。虽然法西斯政府的这次行动有据可查，但佛朗哥声称是“红军”“摧毁了格尔尼卡”,旨在散播有关他的“宣传”,抹黑他。[12]在这么做的时候,佛朗哥把真相的概念揽在手中,声称说谎者并不是他,而是他的政敌。

同样,纳粹党人也没有区分可观察的事实与受意识形态驱使的“真相”。当“群众领袖攫取了让现实来配合其谎言的权力”时,极权主义独裁最激进的结果便出现了。[13]几年后,在关于阿道夫·艾希曼的引发争议的研究中,阿伦特对这位大屠杀策划者的推理过程进行了重要的探究。艾希曼可谓“对事实本身极其蔑视”这一现象的缩影。阿伦特将艾希曼对谎言的认可等同于整个社会“对现实和事实的屏蔽,以完全相同的方式,以相同的自欺、谎言和愚蠢——它们如今已在艾希曼的头脑中根深蒂固”。[14]

阿伦特忽略了艾希曼审判的一个重要方面,即受害者所呈现的真相。[15]阿伦特对艾希曼形象的描画,还忽略了这个人内心深处对意识形态的献身,甚至狂热。甚至在临死前,艾希曼还郑重地表示:“德国万岁,阿根廷万岁,奥地利万岁。我永远不会忘记它们。”[16]阿伦特将这一时刻认定为“怪诞的滑稽”,是艾希曼感知到自己的死亡所具有的关联性时的一种喜气。不过对阿伦特来说，艾希曼的这种认识不过是在这一时刻的一种程式化的表示，而不是对其意识形态的理解。她认为艾希曼的遗言是“陈词滥调”，体现了恶之平庸。其他的历史学家则更倾向于强调这一遗言的选择，以及更一般地，艾希曼的纳粹经历和罪行，是献身于他所认定的作为纳粹之根本的意识形态真理的结果。[17] 从柏林到布宜诺斯艾利斯，再从布宜诺斯艾利斯到耶路撒冷，艾希曼的生与死是一段横跨大西洋的多城市之旅，但在他看来，他的一生将在另外的层面被铭记。

在艾希曼接受耶路撒冷审判的许多年前，即 1946 年的布宜诺斯艾利斯，阿根廷作家博尔赫斯曾发表一篇短篇小说，设想过类似的纳粹党人之死。在纳粹失败后，博尔赫斯笔下的杀手奥托 · 迪特里希 · 林德反思了法西斯主义在过去和现在的意义。林德曾经历过战争的崇高时刻，但对他来说，最终的真相在失败中才会完全显现：“一场顺利的战争的伟大的日日夜夜在我们身边展开。我们呼吸的空气中有一种近乎爱的感情。仿佛海洋突然就在近处，血液里有一种惊奇和兴奋。”但真理并未在这种兴奋中找到。不是在胜利的崇高时刻，而是在失败的“沉渣”之味中，像他这样的纳粹党人找到了一种无法用事实解释的真理。

> 我觉得我能喝干那杯苦酒，但是我在沉渣里尝到一种没有料到的滋味，神秘的、几近可怕的幸福的滋味。我试图寻找各种解释；但都不能使我满意。我想：失败使我高兴，因为我秘密地知道自己有罪，只有惩罚才能拯救我。我想：失败使我高兴，因为它是下场，而我已经非常疲倦。我想：失败使我高兴，因为它同过去、现在和将来的事情有千丝万缕的联系，因为指责或痛惜一件孤零零的真正的事情是对整个世界的亵渎。我寻找种种理由，直到和真正的理由对上号。

在摒弃了事实和生活经验之后，林德不断地将真理与纳粹的信仰等同起来。对于这个塔尔诺维茨集中营的副主任来说，对法西斯主义的真正“解释”在于对献身暴力的肯定。这个无需确证的信仰将会在人间建立“天堂”：“世界由于犹太教，由于犹太教的毛病——对耶稣的信仰——而趋于死亡；我们用暴力和对剑的信仰来教导世界。”[18]

正如博尔赫斯在作为本章题记的引文中半开玩笑地指出的，人们可以识破谎言，但在分析谎言引发的暴力行为时不能置之不理。即使我们很清楚，就像博尔赫斯虚构的纳粹叙事者，耶路撒冷审判中的艾希曼同样在自欺，但这并不是法西斯主义者解释和实行他们的行动的方式。法西斯主义者以神话的方式来理解他们在历史中扮演的角色，这种方式需要历史学的解释。阿伦特敏锐地指出谎言在极权体制中发挥的功能和作用，而没有分析为什么法西斯主义者从一开始就相信它们。她对他们动机背后的根本原因不那么感兴趣。阿伦特认为："极权主义统治的理想主体不是坚信的纳粹或坚信的共产党人，而是事实与虚构（即经验的实在）的区别、真与假（即思想的标准）的区别在他们那里已不复存在的人民。"[19] 但与这个"理想"的一般主体同样重要的是本书所关注的那些坚信者。换句话说，阿伦特研究的是理想的类型，而我则着眼于实际的、有历史记载的人物，以实证的方式将我的论点建立在法西斯主义的历史上。研究法西斯主义的历史学家也需要了解法西斯主义者是如何为他们的谎言辩护的。

为什么法西斯主义者相信他们的谎言即是真相？正

如许多反法西斯主义者彼时曾指出的，法西斯主义独裁的历史是建立在谎言之上的。被法西斯主义者推举为现实的神话性想象永远无法得到证实，因为它是基于全面控制过去和现在的幻想。故而，本书要展现法西斯主义的谎言史。

第二章

法西斯主义历史中的真理与神话

1945 年，汉娜 · 阿伦特指出，法西斯主义是一个绝对的谎言，一个具有可怕的政治影响的谎言。法西斯主义者故意将谎言变成了现实。她写道 :“最重要的是，他们利用了古老的西方成见，这种成见混淆了现实与真实，然后制造出那种在此之前只能被人说成谎言的‘真实’。”

对阿伦特来说，现实（reality）是可塑的和可改变的，但真实（truth）不是。与法西斯主义者的任何争论都是毫无意义的。事实上，法西斯主义者的行为为他们的“谎言”提供了一个“现实中的后事实基础”（post facto basis in reality），这有效地摧毁了真实，而非掩盖真实。在阿伦特看来，这种形式的意识形态政治必然导致对我们所知的现实的抹杀。法西斯主义者的谎言制造了另一种现实。不过阿伦特自己的解释将表明，对真实的摧毁是由一种信念推动的，这种信念被法西斯主义者理解为一种更为先验的真理而非简单的谎言。[1] 阿伦特并不是简单地想羞辱法西斯主义者。和她一样，许多同时代的反法西斯主义者也想搞清楚，为什么有那么多人被说服相信法西斯主义意识形态代表着唯一的真理。可以肯定的是，一些著名的法西斯主义者是伪君子和骗子，他们将意识形态视为宣传工具。但如果是这样的话，为什么那些最重要的领袖以及众多拥护者通常会追随这些谎言和宣传到最后，不惜为了事业献出自己的生命？他们是怎样做到的？谁会因谎言而死？

法西斯主义不是一个简单的、虚伪的谎言，而是一种来自上层和下层的生活和信仰经验。通过内化法西斯主义的主题来创造出一个法西斯自我具有多重含义，在对法西斯的认知上既有官方引导的，也有自发形成的情况。[2] 法西斯主义有许多信仰者。在法西斯主义中，谎言取代现实并成为现实。对于不信者来说，这些法西斯主义者的幻想只可能被视为错误的立场，是对政治本质的虚假主张。对于法西斯主义者来说，情况恰恰相反。

值得注意的是，1922 年至 1945 年间，法西斯主义者和反法西斯主义者就法西斯主义先验真理的非理性本质以及无意识在政治中的相关性达成了异乎寻常的共识。对于法西斯主义者来说，无意识——弗洛伊德、阿多诺等人使用的一个复杂术语，用来表达自我最不理性的方面，无法意识到的部分——正代表了法西斯主义将使人意识到的前理性的内在自我。

与弗洛伊德以及更一般的精神分析学家相反，法西斯主义者发展了这样一种观念，即这个自我是真理的源泉，是一种前意识状态，法西斯主义可以从中汲取并将其转化为政治现实。正如我们将看到的，法西斯主义者以及其他许多人经常通过这种有关自我的概念来强调这一事实，即他们认为自己是无意识的政治要求的主要解释者，这些要求有时会超出他们自己的国家而纵横全球。在法西斯主义中，从无意识到有意识的转变代表着先验真理最终被揭示的时刻。

从历史的角度来看，法西斯主义可以被界定为一种由国家运动和政权来推动的全球性意识形态。无论在欧洲的内部还是外部，法西斯主义都是一种跨国现象。它是一种现代的反革命形式，是极端民族主义、反自由主义和反马克思主义的。简而言之，法西斯主义不仅是一种反动的立场。它的主要目的是从内部摧毁民主，从而自上而下地建立起现代的独裁。

它既是资本主义危机的产物，也是同时发生的民主代表制危机的产物。跨国的法西斯主义者提议建立一个极权主义国家，压制多元性和公民社会，逐渐消除公共与私人、国家与公民之间的界限。在法西斯政权下，独立媒体被关闭，法治被彻底摧毁。

法西斯主义捍卫的是一种神圣的、弥赛亚式的和卡里斯玛型的领导，这种领导将领袖、人民和国家三者有机地联系在一起。人民主权被完全委托给了独裁者，独裁者以人民共同体的名义行事，他比人民更清楚他们真正想要什么。法西斯主义者用政治神话取代了历史和基于经验的真理观念。他们对敌人有一种极端的看法，认为敌人对国家和人民来说是一种生存威胁，必须先对其进行迫害，后将其驱逐或消灭。法西斯主义旨在通过持续不断的极端政治暴力和战争，建立一种新的划时代的世界秩序。作为一种全球性的意识形态，法西斯主义不断地在不同的国家背景下重新定义自己，不断地出现各种变体。

法西斯主义于 1919 年在意大利正式创立，但它所代表的政治却同时出现在世界各地。从日本到巴西和德国，从阿根廷到印度和法国，法西斯主义所代表的反民主的、暴力的和种族主义的右翼革命在其他国家得到采用，名字有所不同：德国的纳粹主义、阿根廷的民族主义（nacionalismo）、巴西的整合主义（integralismo）等。甚至在墨索里尼使用“法西斯主义”（fascismo）这个词之前，法西斯主义就已经是跨国性的了，但是当1922年法西斯主义在意大利成为政权时，这个词受到了全世界的关注，并且在各地的语境中具有了不同的含义。这并不是说意大利（或者法国，又或者后来的德国）的影响对跨国的法西斯主义者来说不重要。

法西斯主义者将各种短期策略与对世界长期的基本成见相结合。这种结合是基于从日常生活政治到教条的不可能的过渡。世界各地的法西斯主义阐释者必须阐明法西斯主义者的实践（战略）与理想（理论）之间时常紧张的关系。东亚、东南亚、欧洲、中东和拉丁美洲的现实差异甚大，关于神、种族、人民、帝国和神话式过去的种种观念不断地适应其特殊性。在印度和中东，法西斯主义思想用于重思后殖民主义的威权式变体。在日本，法西斯主义思想则被用于重思帝国的现代性。在实行共和的、后殖民地时期的拉丁美洲，法西斯主义常常表现出与共和前的西班牙帝国的连续性，但它也是推动以威权主义来反帝国主义的主要方式。最重要的是，法西斯主义发展出了一种激进的政治主体性形式。法西斯主义的内在含义代表了法西斯分子的基质，即其神圣创始的维度。这种无意识的、前理性的直觉概念表达了法西斯理想所谓的纯洁性，这种“法西斯的感觉”将法西斯主义世界中的人和特定观念绑缚在一起。

法西斯主义的基础是现代的人民主权观念，但取消了政治代表,权力完全委托给以人民之名行事的独裁者。神话观念被视为先验的真理，使法西斯秩序合法化。[3]

法西斯主义的这种将权力、神话和真理等同起来的理论并不新鲜。对于有判断力的反法西斯主义者来说，法西斯主义遵循和改造了长期存在的非理性传统。其中一些敏锐的观察者指出，浪漫主义传统为法西斯主义者的真理观提供了依据，在浪漫主义看来，真理即从自我涌现的“现实”。值得注意的是，在两次世界大战之间的那些年里，阿根廷作家博尔赫斯呼吁人们关注托马斯·卡莱尔的作品，在他看来，这位苏格兰历史学家、讽刺作家和进步主义的敌手是法西斯主义的思想先驱。对博尔赫斯来说，卡莱尔是一个“梦想着噩梦的人”*。

* 《博尔赫斯全集》中译本为“作为梦幻家，做的却都是噩梦”。

他提出了一种无法被同时代人理解的“政治理论”，“但现在却适合用一个流传广泛的词来形容：纳粹主义”。法西斯主义的谱系表明了这样一个世界，在这里，“英雄是难以驾驭的半神，不乏炫耀武力和粗鲁言语地统治着次等的人类”。[4]

博尔赫斯强调了欧洲作家和哲学家们的特殊贡献，却忽略了提到他自己所处的拉丁美洲背景下向着法西斯主义聚合的知识谱系。在乌拉圭作家何塞·恩里克·罗多（1871—1917）——他的《爱丽儿》一书使得拉丁美洲浪漫主义发皇张大——批判自由主义的著述中，以及在阿根廷当时最著名的作家莱奥波尔多·卢贡内斯（1874—1938）的早期作品中，我们发现了一种从自我中产生的真理概念，这种真理充满了朴素的美感和秩序感。

早期的拉丁美洲浪漫主义传统强调自由主义同建构一个对异议持开放态度的自主的自我之间的联系，质疑外在世界的种种矛盾。罗多和卢贡内斯将这些矛盾等同于现代自由民主制。早期的反个人主义、反民主的思想家，从实证主义者奥古斯特·孔德到反启蒙运动的保守派约瑟夫·德·迈斯特，都提出了政治中需要绝对真理的思想。[5] 罗多和卢贡内斯紧随其后。

对既有的民主制度的拒绝，位于这些作家要求回归古典希腊的神秘呼唤的核心。对罗多和早期（即 1920 年代转向法西斯主义之前的社会主义和自由保守主义阶段）的卢贡内斯来说，古典遗产定义了这片大陆的基本知识谱系，它使得拉丁美洲各国能够绕过现代的欧洲和美国。在两次世界大战之间成为法西斯主义者的卢贡内斯，将返回到这些关于阿根廷和拉丁美洲的观点上。他认为自己的国家和大陆是古典神话的产物，这些神话对理性和现代性的基本原则提出了质疑。对他来说，神话的回归预示着他所谓的独裁的“真实创造”。[6]

当像卢贡内斯这样的法西斯主义者为法西斯独裁的现代主张创造一个神话般的过去，博尔赫斯及许多其他跨大西洋的反法西斯主义者，则以一种更具批判性的和历史性的理解，将法西斯主义的起源追溯到反启蒙的意识形态中。1934 年，马克斯 · 霍克海默便提出，“真理服从权力的这种倾向并非首先出现在法西斯主义中”。非理性主义“遍及整个现代史，使得理性的概念受到限制”。[7] 同样，恩斯特 · 卡西尔在二战结束时撰文强调，“真理在于权力”这一思想可以追溯至黑格尔，它表达了“最清晰的、最残酷无情的法西斯主义纲领”。[8] 对这些反法西斯作家来说，法西斯主义是一种非理性神话传统的症候（霍克海默）,它的新颖之处在于其拥有“技术”,会产生可怕的后果,并影响自然的进程（卡西尔）。同她之前的博尔赫斯一样，阿伦特强调法西斯主义的权力观导致了在观念上以及实践中对人进行非人化的新形式。这之所以成为可能，是因为法西斯主义反对解释上的平等。它拒绝把普遍共有的理性作为判断真理的唯一标准。法西斯主义建立了各种各样的神话谱系，对它来说，它们是政治真实性的最终来源。法西斯主义模糊了政治中的真实与虚假之间的界限，制造了一种既是民族主义的，同时又是绝对的“真理”。由于缺乏多样的内涵，真理排斥任何形式的异议，成为等级权力关系独有的产物。

法西斯主义者质疑真理的理性定义，坚持真理隐藏的意义。对他们来说，真理是一种在权力中并通过权力揭示的秘密。在法西斯主义中，权力具有完全先验的地位。对法西斯分子来说，强大的、暴力的、厉害的东西就是真实和正当的，因为它表现了关于人民和国家的超历史的、神话的趋势。而领袖作为涵摄这二者的活着的神话，代表这些得势的趋势的实现。权力源于以暴力、破坏和征服为手段对神话进行确认。

因此，法西斯的政治就是神话。在法西斯主义中，真理的最终形式不需要经验证据的证实：相反，它来自对观念的直觉确认，这些观念被认为是超历史的神话的表达。领袖体现了这些神话。这种政治分析与现实的脱节是致命的发展，是法西斯主义寻求能够超越理性的政治本真性（authenticity）的最终形式的结果。从这个意义上说，法西斯主义者不仅在撒谎，而且在自欺。正如阿多诺在 1951 年提出的，他们落入了法西斯主义者“假话”的“魔力”之中。他认为，“内在于法西斯主义的持续的战争危险会导致毁灭，大众至少在前意识中意识到了这一点。因此，法西斯主义在提到自己的非理性力量时，并不完全是在说假话，无论在意识形态上将非理性合理化的神话是多么虚假”。[9]

同样，对阿伦特来说，极权主义意识形态从现实中汲取了一些元素，却导致了经验上的盲目。从历史上看，这种意识形态的运作导致了现实与幻想的混合。对谎言的信仰是极权主义追随者所受教育的一部分，骨干们尤其如此，他们把“意识形态谎言”变成了“神圣不可触碰的真理”。[10]

但法西斯分子之所以相信这些谎言，仅仅是因为它们出自领袖之口吗？还是说，他们更愿意把它们视为从内在自我中生发的更名副其实的真理？对法西斯分子来说，这两种可能性并不自相矛盾。法西斯真理观的意识形态本质就在于此。法西斯主义认定的真理是一先验神话，它植根于集体无意识之中，由领袖通过自己的意识来实现。这种对无意识的外化、“宣泄”的信念是法西斯主义的核心。在法西斯主义中，集体欲望被认为存在于领袖的身体和言语中。领袖应该把本来无意识的东西变成有意识的，进而使之成为真实可信的。

第三章

法西斯主义的化身

法西斯主义提出的真理概念超越了理性，以领袖神话为化身。如同字面上的意义，神话确实体现为领袖的人身。对法西斯分子来说，化身（incarnation）与代表（representation）相对立。在他们的意识形态中，语言不能代表内心的真实情感，因为一般的概念都暗含着理性的转译过程。只有形象或行动，而非自我反思的思想或话语，才能例示这些情感，并付诸实践。对于法西斯分子来说，这是法西斯主义政治本真性的本质。他们站在一切理性的对立面，坚信自己牢牢扎根于神话之中。法西斯主义的起源不能通过“冷静的理性计算”来理解。法西斯主义是“非理论和非逻辑的”。它是“一种本能的反应”。[1] 法西斯主义一再地幻想着通过改变现实而成为现实。从这种特定的意义上说，它是一场思想革命。法西斯主义革命成了在政治领域中将欲望的本能力量现实化和具体化的尝试。在认识论层面上，这种尝试使法西斯主义始终拒绝承认人本主义的认知原则。

法西斯主义强调直觉的力量，而不是自我反思。在这里起着支配作用的，是全球范围内的文明转型这一观念。法西斯主义将自己视为一种跨国意识形态，致力于反对自由主义这一所谓的野蛮主义。克罗齐将法西斯主义视为“民族的插曲”，与民族文化无关；与这一影响深远的观点形成鲜明对比，法西斯主义者认为他们的民族传统源自一个特定的民族自我，它根植于个体的灵魂中。[2] 就此而论，只有法西斯主义才代表了民族主义真正的直觉本性，而自由主义是在人为地构想民族。

这一观念体现为领袖的神圣化身以及领袖身体里的民族。正如历史学家多米尼克·拉卡普拉*所言，我们可以从中看到其深层次的宗教背景，即“神在世间的充分化身”这一神学观。[3] 即使已死，领袖也活在别人的身体里，因为他是神在世间的化身。他的话依然是真理。正如1940年罗马尼亚法西斯首领霍里亚·西马就被暗杀的罗马尼亚领袖科尔内留·科德雷亚努上尉所作的声明，“我们最伟大的领袖的思想和意志”将帮助他们

---

* 多米尼克·拉卡普拉（1939— ），美国思想史学家，著有《书写历史，书写创伤》等。

成就一个新人、一个真正的精英，“一个像天上神圣的太阳一样的国家”。他的话语是“火炬，燃烧着上尉对我们无限的爱。它是几个世纪以来罗马尼亚人的法律。对他的致敬没有改变，因为我们要在他的精神中成长。在罗马尼亚的天空不再阴暗地笼罩我们的灵魂之前，领袖是不会死的。我们在我们中间分有着他，他活在我们中间”。[4]

将领袖作为超凡人物来认可，反映了对具有统一意志的民族共同体的服从的提升。[5]领袖正是这种集体意志的理想表达。参加“仪式”这种行为将个体的生活有机地组织起来。个体对“神话”以及由运动、政党和国家构成的等级制的服从，意味着承认个体在创造新现实这一链条中的作用，而这个新现实随后又使世界适应神话的意识形态要求。正如法西斯知识分子卡米洛·佩利齐看到的，法西斯主义者创造一个新世界的企图，有一个准无意识的维度。[6]

与现实一样，过去也需要根据意识形态的要求而改变。它必须按照绝对真理的逻辑重写。正如墨西哥法西斯主义者何塞·巴斯孔塞洛斯在谈及阿根廷法西斯主义者的历史政治时写道：“一场西班牙和天主教的民族主义运动正在阿根廷展开……他们正在颠倒阿根廷的历史，即根据真相，纠正自由主义的所有谎言。”[7]法西斯主义的历史观往往把历史看成一个争夺的场所，一个可以在击败后加以纠正的可塑的对手。[8]敌人和事件并不是真正的主体，因为其并没有体现出真正的民族力量，这种力量被认为产生自法西斯无意识，并体现在领袖身上。

从表面上看，法西斯主义属于历史。正如法西斯主义作家伏特*主张的，作为一个“历史事实”，法西斯主义与其他政治形态并无不同。它是一个处于事实、法律和制度链条中的历史事件。作为一个事实，法西斯主义归属于政治编年史。但在更深的层次上，亦即作为一种思想，法西斯主义是“反历史的”。它违背了事实随时间而变化的逻辑。伏特认为，从这个意义上说，法西斯主义是非历史的。如果说历史是叙事，那么法西斯主义就是原则。法西斯主义者的任务是把这一原则运用到不断变化的环境中。他们想把法西斯主义强加于历史叙事。

* 意大利诗人、作家温琴佐·法尼·乔蒂（1888—1927）的笔名。他在1916年加入未来主义运动，发表科幻小说《世界的末日》，之后为早期法西斯主义着迷，其思想对尤利乌斯·埃佛拉有深刻影响。

“作为原则，法西斯主义的真理是永恒不变的。”伏特写道。[9]这个永恒的真理作为内在认知的绝对形式而存在：“对于法西斯主义来说……绝对是存在的……它使法西斯主义的存在正当化，使其行动神圣化。”[10]

真理只能是意识形态，尤其是领袖思想的本真表达。体现在领袖身上的神话真理概念当然不仅仅是欧洲的，也是跨国法西斯主义的标志。1934 年，秘鲁的法西斯主义者宣称，“党的最高领袖”路易斯 · 弗洛雷斯“了解大多数公民的愿望和合理的社会经济诉求。这些渴望体现在秘鲁工人真正的民族主义精神……和最本真的民族主义的崇高原则中”。[11]本真性不是论证的结果，而是对神圣本质的确认。

印度–穆斯林法西斯主义者伊纳亚图拉 · 汗–马什里奇提出了一种只有在他的领导下才能显现的优越的真理形式：“《古兰经》如果有的话，也只能在这样的人的头脑中辐凑而成，他们已经看过这个宏伟宇宙的每个角落，他们对自然之书的奥秘有实质性了解，他们已经被知识的庄严高度和终极实在的宏大远景带到天空和星辰的更高眼界，他们不为低级的逻辑技术性问题困扰，而是追求绝对真理的终极性。”[12]

化身是获得终极真理的手段。领袖及其追随者被认为是历史和神话人物的体现。日本法西斯主义者试图设想一个“复辟”过去的帝国，将民粹主义的主题和诉求同超历史的国体（kokutai）观结合起来，而埃及法西斯主义者则将自己与埃及法老时代的传统联系在一起。[13]

在日本，天皇表现为一个父权制人物，法西斯主义者希望铲除议会机构，让君主与人民更直接地联系。这个将过去与现在神话般连接在一起的极权主义化身有机地植根于真理。人民与国家在天皇制度中合二为一，按照神话的说法，这一制度数千年从未中断。正如一位日本法西斯主义者所言，“就日本和日本人而言，极权主义第一次不再是肆意妄言，而是现实的体现”。[14]

在1935年的埃及，“绿衫党”（Green Shirts）的法西斯首领艾哈迈德·侯赛因称：“大自然教导我们，统治者与被统治者之间不可能达成一致，强者与弱者之间亦如是。解决之道只有斗争和冲突。征服者继续存在，故而是有价值的；被征服者是弱者，所以被消灭了。”[15]在作为化身的领袖身上，法西斯主义者看到了一个超越事实的真理，但他们（或他）也同样操纵了事实，以创造一个更高层次的真理，即以启示的形式出现的意识形态真理。既然领袖体现的是永恒的真理，法西斯主义者断定，那些批评他的人就是骗子，是真理的敌人。

第四章

真理的敌人？

希特勒说过一句臭名昭著的话："因此，我现在相信，我是在依照全能的造物主的意志行事——对犹太人进行自卫性攻击，就是为主的工作而战斗。"[1] 纳粹将其行动视为上帝意欲的实际结果，这种想法导致了对敌人的发明、迫害和消灭，只要那些人被希勒特认定在撒谎。同样，阿根廷的教权法西斯（clerico-fascist）知识分子将反犹谎言与神圣的永恒真理联系在一起。他们也相信并宣扬所谓的犹太种族这一伪概念。与希特勒如出一辙，他们断言自己所说的这些谎言的真实性源自基督教真理。

希特勒成了纳粹党人活生生的上帝，开始与基督教会发生冲突。在拉丁美洲，领袖从未完全取代上帝。官方宗教与法西斯神圣真理之间的关系要和谐得多。对那里的法西斯主义者来说，要确认天主教是一种超凡的真理，前提是肯定反犹太主义的谎言。他们在犹太人身上看到了超越人类历史的战斗的一个活生生的证明。

何塞·巴斯孔塞洛斯也许是墨西哥革命中最重要的知识分子。他将犹太教的“秘密计划”与“真理之光”对立。[2] 他提出了一个著名的“宇宙的种族”，说它将整合其欧洲和印第安的遗产。巴斯孔塞洛斯最终成为墨西哥国立自治大学的校长，之后又担任教育部长。在1929年的总统选举中落败后，他开始自我的流放。在国外，特别是在阿根廷的几年间，他转向右翼，并谴责拉美人对本土遗产的拥抱，认为这是一种自杀性选择。而只有西班牙、地中海和天主教的遗产才能定义拉美人。1933年，他在阿根廷宣称：“墨西哥革命是彻头彻尾的卑鄙行径。”到1930年代末，他已经接受了法西斯主义，这在墨西哥的语境中也意味着对革命最世俗的层面的否定。[3]

同他在阿根廷的同辈一样，巴斯孔塞洛斯成了一名教权法西斯主义奇葩。他认为，犹太人想用谎言来摧毁基督教文明。理性和历史不会给出答案。真理在别处。巴斯孔塞洛斯的杂志《舵》(*Timón*)发表过一篇文章，作者是墨西哥法西斯分子费尔南多·德欧兹卡迪，其中提出：“我们让自己被种种杂耍般抛出的理由愚弄，我们滑过历史危险的倾斜面，在历史中为我们的怯懦，为我们放弃更宝贵的情感所招致的后果寻找辩护。”情感可以揭示犹太人的阴谋，他们是“我们生活的真正独裁者，锁住了我们的良心”。根据德欧兹卡迪的说法，所有犹太人的活动都是在行骗，是“立在脚尖上绕着自己旋转的滑稽戏”。[4]

像墨西哥的法西斯一样，希特勒相信自己的宣传，并将自己的行为（即散布谎言）投射到犹太人身上。他把犹太人形容为最好的宣传员。“犹太人”是“谎言大师”。[5]同样，阿根廷的法西斯分子援引上帝来为其反犹的幻想和偏执辩护，进而散布关于生活在阿根廷国内外的犹太人的谎言。比尔希略·菲利波神父大谬不然地提出犹太人是想模仿阿根廷，而胡利奥·梅恩维尔神父则谎称犹太人有征服意图，并认为阿根廷与犹太人的战斗跟“圣经民族”为“征服世界”而进行的超历史斗争有关。梅恩维尔谈到了“犹太人和基督徒混合”的危险，而菲利波则直言不讳地警告说，对于一个老是执迷于其种族纯洁性的入侵“种族”，有必要限制它的影响力。

与希特勒相反，阿根廷法西斯分子认为他们运动的最终领袖是耶稣基督。[6]但与希特勒一样，菲利波和其他人也将自己的种族偏见投射到受害者身上，并声称犹太人显然很关切自己“种族的疾病预防”。菲利波认为，与犹太人作斗争，意味着揭露“犹太人的种族主义”。这种论调淡化了从宗教上反犹的传统思路，提出了一个更高层次的种族真理：“犹太人首先构成一个宗教社群的说法是不正确的。他们是一个种族。”[7]菲利波与当时的通行看法一致，认为某些特定的生理特征使犹太人的身体可以被注意到并识别出来。他对犹太人的刻板印象与其他许多欧洲人的刻板印象不谋而合。[8]对全世界的反犹主义者和法西斯分子来说，反犹是一个文化符码，一个为不同国家以改头换面的方式分享的种族主义幻想的集合。法西斯分子用这类谎言和偏见去解读那些看似难以理解的东西的言外之意，并通过坚持他们认为的更高层次的真理来降低世界的复杂性。正如意大利历史学家西蒙·莱维斯·苏拉姆解释的，法西斯主义者诉诸一个充斥着骗局和捏造的“反犹档案”。他们将世界的复杂性简化为单一的种族主义解释，这种解释一举对自我与他者进行了清晰的切分，但可以在不同的背景下被不断地重新表达。[9]

在阿根廷，一个具体的问题将菲利波的反犹想象与他受到的欧洲影响分离开来：他对犹太人的刻板印象与阿根廷犹太人的一段被假想出来的特殊历史有关。菲利波与阿根廷反犹行动组织等法西斯团体一起，提出了一份可疑的犹太人入侵编年史，称犹太人自殖民时代就开始开展“渗透活动”。[10] 然而，菲利波将阿根廷反犹主义的谱系追溯到多明戈·福斯蒂诺·萨米恩托*，而非殖民时代。由于萨米恩托过去和现在都被视为阿根廷的自由主义之父和现代国家的主要设计者，由菲利波等反自由主义者建立的这种联系似乎令人费解。菲利波劫持了萨米恩托的遗产，以给其反犹主义披上合法性的外衣。萨米恩托很难说是一个恶毒的反犹主义者，但这对菲利波来说无关紧要，他扭曲了这位19世纪著名的总统的思想，为了利用他的知名度。[11]

法西斯分子会毫无顾虑地为新老朋友发明新角色，只要能帮助他们把谎言变成更伟大的真理。[12] 种族主义的谎言有直接的目的和动机：歧视、排除和最终消灭。反犹主义的谎言有明确的后果，对此每个人都能预见得到。[13] 值得注意的是，虽然法西斯分子依据谎言来解释其行动，但他们在灭绝犹太人的承诺上并没有撒谎。

---

* 多明戈·福斯蒂诺·萨米恩托（1811—1888），阿根廷首位平民总统。

他们说到做到。正如阿根廷法西斯分子坚持的，犹太人是人民的敌人。他们的命运只能是被彻底消灭："消灭这些鱿鱼将是对我们祖国的伟大致敬！"[14]

正如阿多诺在1945年解释的，法西斯主义的这一极端维度导致了酷刑、迫害和灭绝，然而在法西斯主义者之外，几乎没有人拿他们的话当真。面对法西斯的谎言及对毁灭作出的诸般承诺，几乎没有人考虑过其真实后果。"他们的行动乖悖违戾，"阿多诺写道，"这让人很容易一边不信无人为了宝贵的和平会愿意相信的东西，一边又屈服于它。"无意识的倾向巩固了法西斯主义谎言的政治效果，它把不真实的东西变成了现实。"在启蒙过的世界里，每一种恐怖都必然变成一个恐怖的童话。"阿多诺写道，"因为真的非真中有一个核心，在无意识中找到了热切的回应。这不仅是因为无意识希望恐怖发生；法西斯主义本身并不那么具有'意识形态性'，它不过是公布了在其他地方被掩盖的统治原则。"[15]

不断寻找蔑视永恒真理的敌人，导致了法西斯种族主义和反犹主义的产生。由于法西斯主义者假装这些真理源于自身，所以他们需要制造敌人，并将其界定为谎言的活的化身。这些敌人构成了法西斯主义的对立面，这有助于将领袖提升为掌握真理的人。

犹太人只是法西斯主义的敌人长名单上的一员。如果说德国法西斯分子执迷于把犹太人当作主要敌人，那么在安第斯山脉，秘鲁的黑衫党（Blackshirts）则把他们的敌意对准了亚裔移民，尤其是日本人。在最终成为印度和巴基斯坦的地方，法西斯主义披上了印度教或穆斯林的外衣。在阿根廷，法西斯分子发展出“基督教化的法西斯主义”，作为其运动的神圣真理的最终证明。墨索里尼和阿根廷、日本、巴西、哥伦比亚、秘鲁、罗马尼亚的法西斯主义者用他们的敌人来界定自己的特征。犹太人和其他敌人即法西斯分子之所不是，作为对立面界定了法西斯分子实际之所是。

法西斯主义的暴力以及对激发这种暴力的绝对真理的信仰，是“最终解决方案”的根本触发点，但这在其他的种族灭绝暴力史中也曾出现过。正如历史学家恩佐·特拉韦尔索*所言，大屠杀是一个交汇着各色种族灭绝意识形态的世界的一部分：“党卫军的野蛮暴力并

* 恩佐·特拉韦尔索（1957—　），生于意大利，现执教于美国康奈尔大学，主要研究领域为20世纪思想史和政治观念，著有《火与血：1914—1945年欧洲内战》《法西斯主义的新面孔》等。

非国家社会主义特有。毋宁，它表明国家社会主义在多大程度上与恐怖的 20 世纪的其他许多致命的意识形态是共通的。”[16]

纳粹主义并非一个例外，而不过是法西斯主义的精髓——融合了暴力、神话和对永恒真理的幻想——结出的最激进的果实。对墨索里尼来说，暴力和战争决定了政治的方向，以及个人与集体救赎的可能。墨索里尼看到了自己的暴力欲望所具有的真理性。西班牙法西斯主义者谈到“神圣的暴力行动”时，同样将其植根于正义和权利。埃及蓝衫党（Blue Shirts）的座右铭是“服从和斗争”，这一理念也体现在他们的誓言中：“我以全能的真主，以我的荣誉和祖国起誓，我将作为一名忠诚和服从的战士为埃及而战，我将杜绝任何会败坏我的原则或者损害我的组织的东西。”而在远离中东的中国，蓝衣社（Blue Shirts）* 断言暴力必须指向所有的政治对手：“必须有流血的决心，也即必须用一种前所未有的暴力来消灭人民的一切敌人。”

* 一般认为，蓝衣社本身作为组织是不存在的，不过 1930 年代的国民党确实有类似的运动。

哥伦比亚法西斯组织“豹子党”（Leopards）则称，“暴力，正如关于一个美丽而英勇的祖国的神话所示，[是唯一能够]在未来的伟大战斗中为我们别开生面的”。法西斯主义者将暴力和死亡同自我的彻底更新联系起来。对他们来说，这是揭示人的本真意志的一种手段。例如，罗马尼亚法西斯分子将暴力的神圣性与战士的牺牲、再生和救赎的思想联系起来。对他们来说，正如“上帝所希望的”，“复兴的萌芽只能从死亡和苦难中长出”。因此，罗马尼亚法西斯分子“热爱死亡”。死亡是“所有婚礼中我们最爱的婚礼”。[17]

全世界的法西斯主义者都共有一种基于神圣的真理观。这种不需要经验佐证的真理与神义观相重叠，使得合法性成为一个没有意义的问题。对智利法西斯主义者来说，暴力不能通过“司法手续”来制止，暴力是“合法的”，是对左翼暴力先发制人的回应。[18]至于罗马尼亚人，对反犹主义幻想的信仰导致了一场几乎凌越所有规范的斗争。在“认识到犹太人的统治正把我们引向精神和民族的死亡”之后，极少有人会怀疑“杀死叛徒”才是唯一可能的出路。[19]在法西斯主义者与消灭敌人的需要之间，没有任何司法机制能够阻挡，而这种即决裁判的理念是建立在永恒真理的观念之上的。法西斯主义的弥赛亚概念依赖于创造一个敌人，正如他们所想象的，这个敌人站在真理的对立面，因此需要予以压制并最终消灭。

第五章

真理与权力

“墨索里尼永远正确。”[1]1922 年至 1945 年间，意大利的法西斯主义者像做礼拜一般重复着这句不可能成立的话。他们相信墨索里尼拥有真理。[2] 但究竟是怎样的真理呢？真理如何能够包摄过去和现在，然后将自身投射到未来？法西斯主义者对这一问题的回答，表明法西斯主义依赖于一个超越历史和经验的连续体。正如弗洛伊德和博尔赫斯等批判思想家当时提出的，这是法西斯主义关键的神话维度。[3] 在一部“预见”（阿多诺语）法西斯主义的兴起和本质的作品中，弗洛伊德评论道，英雄神话是群体心理学的中心，是对现实的想象性置换，阿多诺后来将其运用到自己对法西斯主义的分析中。弗洛伊德如此写道：“英雄神话的谎言在英雄的神化中达到顶峰。”[4]

1933 年，弗洛伊德将自己的一本书送给墨索里尼，在上面签名时称后者为英雄，这一举动极具讽刺意味。和当代许多历史学家一样，墨索里尼没有领会其中的含义。事实上，弗洛伊德对英雄崇拜有着深刻的批判，因为他是在当代大众政治的背景下看待它的。在他看来，现代“英雄”服务于并促进了人们对垂直权力的需求。他为他所看到的威权的原始父亲以现代政治神话的形式回归而忧心。这些现代英雄要求对他们的侵略欲望完全屈服，以实现全面控制告终。[5]

正如阿伦特指出的，纳粹党员的第一条誓言就包括“元首永远正确”这句话。希特勒自己也说过，“永无谬误”标志着他的运动的优越性。[6]事实上，许多法西斯主义者之所以相信墨索里尼或希特勒永无谬误，正因为它是神话。领袖被构想为同希腊罗马的人民和英雄一脉相承。和他们一样，独裁者代表了国家的思想，国家在这里不仅是空间上的，也是时间上的。法西斯主义开启了一个新时代。领袖被认为具有独一无二的划时代的天才。[7]

在法西斯主义中，信念与对掌舵者的信仰行为紧密相连。法西斯主义将其领袖呈现为活生生的神话。当德国的元首原则将希特勒描绘为真理和权威的终极来源，在阿根廷、西班牙和其他国家，法西斯主义者将领袖的政治观点等同于先验的神话真理。法西斯主义的真理将运动及其领袖的现实，同充满英雄主义、暴力和服从的神话般的过去连接起来。在法西斯主义意识形态中，领袖象征着与这一划时代连续体的直接关联，建立了与人民和国家的统一战线。而独裁者则是人民主权的最终来源，只对自己负责。正如希特勒所言："作为德国最高峰的化身，他受到了德国人民的召唤，并只对它负责！"[8]

法西斯主义者痴迷于其领袖的永无谬误，因为对他们来说，不会犯错反映了神话意识形态核心的神圣真理，而这些真理已经化身为为人类掌舵的英雄。西班牙法西斯主义者埃内斯托 · 希门尼斯 · 卡瓦列罗在他的《法西斯主义总论》中，将这一神话化身原则作为主要因素来讨论。希门尼斯 · 卡瓦列罗在卡莱尔的历史观中找到了理论根源，但更重要的是尼采的"新提坦"和索雷尔*的革命暴力思想，他认为墨索里尼和希特勒是"当今世界历史"中最能体现新的英雄概念的领袖，墨索里尼不同于以往的英雄，但很多英雄身上都有墨索里尼的影子。他就像阿喀琉斯、恺撒、查理曼和查理五世，但和他相

* 乔治·索雷尔（1847—1922），法国工团主义理论家，著有《论暴力》《进步的幻象》等。

比，这些英雄都有不足。甚至“拿破仑也只是一个失败的墨索里尼”。希门尼斯·卡瓦列罗断言，墨索里尼的英雄本性“不同于希腊、东方、基督教、文艺复兴和浪漫主义的英雄主义类型”。他体现并超越了以往所有英雄的总和，乃一新的活生生的神话：“今天，没有人怀疑——也不应该有人怀疑——墨索里尼体现了历史中的一种新的、作用于当下的英雄性。”[9]

法西斯主义者认为自由主义和社会主义建立在非先验的根基上，建立在部分真理甚至谎言之上；与之不同，他们渴望神话中的战争英雄的回归。这正是他们对领袖的期望。卢贡内斯对阿根廷独裁者何塞·费利克斯·乌里布鲁*将军热切地说道：“将军，不要听那些大学知识分子的话。您的爱国意识和军人意识已经足够。当您像您自己一样思考时，您准不会错。”[10]类似地，西班牙法西斯分子何塞·米连·阿斯特赖将军也断言，作为一名军人，佛朗哥“永远不会错”。[11]

领袖体现了一种信仰，一种对必须不加讨论地接受

---

* 何塞·费利克斯·乌里布鲁（1868—1932），生于土地贵族家庭，普鲁士军国主义狂热崇拜者，1930 年领导政变推翻伊波利托·伊里戈延的自由主义政权。

的真理的信念。这关系到世界的未来。1935 年，罗马尼亚法西斯军团的成员必须遵守所谓的“十诫”，“为了在这黑暗的、不幸的、易被撒旦诱惑的日子里不偏离荣耀之路。这样，所有人都知道我们是军团的一员，而且我们将永远是军团的一员”。第一条诫命是关于什么不应该相信这一关键问题：“切勿相信在任何报纸——即便看起来是民族主义报纸——上读到的关于军团运动的消息和新闻，也不要相信别人哪怕是实诚人的传言。军团的成员只信任命令和领袖的话。”[12]

对于像阿伦特这样的反法西斯主义者来说，法西斯主义者只是在无视真相，而对于法西斯主义者自己来说，真相超越了感官世界或经验世界。作为民族本真性的理想化身，领袖代表了本真的真理。然而，正如德里达在布宜诺斯艾利斯大学关于谎言概念史的演讲中有力指出的，阿伦特并没有充分考虑到政治谎言行为中无意识与真实状态之间的互动。德里达强调要更多地关注无意识的逻辑，以及他所认为的说谎行为中的表演性理论。同时，阿伦特暗示了谎言的幻象方面，但并未对其进行更多的阐述，而德里达将其界定为无意识的幽灵层面。[13]极权主义回到无意识，是基于一种对神话的缺席、对民族创始性的创伤的渴望。真实与这种缺席的揭露有关，它是对想象的和现实的集体创伤的表演。[14]

极权主义文本（“千年帝国”、奥古斯都的罗马帝国、法老时代的埃及或阿根廷的拉普拉塔总督辖区）经常提及向神圣往昔的回归，这标志着法西斯主义者试图废除正在进行中的世俗化进程。法西斯主义者并不像德国哲学家汉斯–布卢门贝格所说的那样在重新占领以前被宗教占领的空间，他们实际上相信自己是在进行真正的宗教活动。他们在实践中同意海德格尔，认为神圣实际上指的是“已经远遁的诸神”的踪迹，而这踪迹又带来了诸神的回归。[15] 这是法西斯主义的弥赛亚的一面。对于纳粹主义来说，这种踪迹在救赎性的反犹太主义的概念和实践中实现，而对于大多数法西斯主义，它往往会更广泛地分布在政治暴力、战争、帝国主义和种族主义中。[16]

要理解真理在法西斯主义中的角色，重要的是要考虑法西斯主义理论如何以及为何在理性与非理性之间设立一个根本的界限，而暴力位于该区分的中心。法西斯主义者认为，当内在本真性的涌现意味着通过暴力、牺牲和死亡以救赎时，它就成了一种有意义的政治行为。

反革命的革命是对真理与权力（体现在领袖身上，

将带来救赎）之间的关系进行自我说服的结果。西班牙法西斯主义者拉米罗·德马埃斯图称："我素来坚信，整个混乱和动荡的时期最终将迎来一场势不可当的反革命运动。它将拯救西班牙。"[17] 正如西班牙法西斯主义者在内战开始时（以及德马埃斯图死于反法西斯主义者之手后）宣称的，"武力、鲜血和牺牲都是为真理服务的"。[18] 同样，中国的法西斯主义者认为，既然道德已被滥用，只有权力才能代表真理："真理已被武力完全践踏。因此，除非有武力，否则不可能有真理。"[19] 在这里，如同在其他地方的法西斯主义中，真理是通过个人对事业的服从而从自我中产生的。这种极权主义的真理观并不认为真理是普遍的，而是将意识形态视为它的标准。于是真理基于信仰，根植于自我对隐藏在神话中的永恒知识的发现。

纳粹党人阿尔弗雷德·罗森伯格是最具种族主义色彩的神话理论家，他声称："今天，一种新的信仰正在觉醒——血液的神话；依照这一信仰，捍卫血统亦即捍卫人的神圣本性，而北欧人的血液代表着已战胜并取代古老圣礼的奥秘（Mysterium）。再也没有比这更昭然的知识。"只有通过"回顾历史"——解读被反犹太主义谎言扭曲的过去，才能揭开这个奥秘。但对于罗森伯格来说，这是一条将意识的复兴与对他者的毁灭相结合的道路："完全意识到"这个神话"是在为每一次重生创造基础。它是新的世界观、新的但古老的国家观，以及新的生命理解神话的基础，只有它才能给我们力量摆脱次等人的傲慢统治，建立起一种符合我们自身种族特征的文化，并将其渗透到生活的各个方面"。[20]

法西斯主义者认为任何理论只有在与神圣挂钩时才是正确的：在阿根廷、意大利、巴西和西班牙等国家，神圣与古典或基督教神话连接在一起，而在德国，它与雅利安人的传说有着核心的关联。罗马尼亚军团的"敢死队在仪式上互饮对方的血"，这把血和土的神话推到了怪诞的极致。[21] 因此，尤利乌斯·埃佛拉*的"血液的神话"这种限于少数人的种族主义，也许在德国或罗马尼亚最适合，而非意大利。[22]

血液神话的幻想成为一种合法化的形式，包含了国土、道德和正义。并非只有在德国，正义是领袖表达和

---

* 尤利乌斯·埃佛拉（1898—1974），意大利哲学家、文学家、画家。1927 年参与创立隐微主义团体，旨在给当时统治意大利的法西斯主义以"灵魂"。著有《反叛现代世界》等。

创造真理不可或缺的部分。但是在德国，领袖的真理在司法上被充分建构,以至于取代了更为理性的法律形式。司法的真理被等同于领袖的超越性。众所周知，希特勒以“国家的最高法官”自居。[23]可以肯定的是，1934年卡尔·施米特在称元首是“最本真的管辖权”的化身时极有可能并非发自肺腑。但这位纳粹主义的后起之秀，对纳粹主义的神话内涵有着敏锐的洞察和同情。当他宣称希特勒“不受正义的约束”，而是构成了最高形式的正义时，他完全理解了纳粹的真理观。

对纳粹来说，希特勒是正义的终极来源，因为正如施米特所言,元首的司法本性与人民的法权(Volksrecht)有着相同的重要来源。[24]在纳粹德国，希特勒是领袖、最高法官，以及正如纳粹司法部长汉斯·弗兰克所肯定的，是唯一的立法者。根据反法西斯思想家安东尼奥·葛兰西的观点，纳粹从根本上质疑了抽象而普遍的正义概念。葛兰西认为，他们的法律概念已经成为追随者的“信纲”。[25]对弗兰克本人而言，正义只有遵循希特勒所解释的人民的需要时才存在。希特勒的意志——法西斯主义在其神圣领导下所理解的真理——被制定为德国公法。

因此，纳粹将法律地位赋予了这一延伸的法西斯主义革命观念,即领袖决定其自身的行为和欲望的真理性。法西斯独裁者作为人民和民族的充分化身，既是法权的接受者,也是法权的缔造者。他是汉斯·弗兰克所谓“第三帝国的绝对命令：要按照假设元首知道你的行动会批准的方式行动”的假定来源。正如阿伦特指出的，艾希曼可能已经意识到这一命令,它类似于对康德公式的“无意识的扭曲”。阿伦特提出，艾希曼认为他后来（在耶路撒冷）所说的“被国家合法化的罪行”是有法律依据的，因为它们源于希特勒的意志。简而言之，对纳粹而言，领袖之所以是法律，是因为他代表着意识形态的真理；他的“话语具有法律效力”。[26]

领袖用他的话语为代表和决定真理创造条件。巴西法西斯主义者认为，法西斯主义领袖普利尼奥 · 萨尔加多的声音创造了统合主义运动及其背后的理念，即新的“统合主义福音”。[27] 萨尔加多将自己的神圣领导地位表现为对古典欧洲神话和现代拉丁美洲神话的延续。他的“玻利瓦尔政治”希冀表达出一种在拉丁美洲朝着统合主义方向发展的过程中，实现“情感、文化和经济统一”的国际意识。“我们生活在南美洲最卓越的世纪,”

萨尔加多写道，“一个‘直觉’的世纪。经过一个世纪的实验——它已经变得与它所反对的所有先验主义一样教条，我们来到了一个时代的门槛边，这个时代在不放弃演绎法的同时，也服务于归纳法。”[28]

同样，对于哥伦比亚法西斯主义者西尔维奥·比列加斯来说，只有在玻利瓦尔这位英雄和理论家那里，反民主才成为可能。比列加斯认为，“玻利瓦尔主义是拉美精神唯一不朽的方面”。对他来说，“唯有真理才是评估思想的手段”。他引用卢贡内斯的话，将政治堕落等同于丑陋和平等。像卢贡内斯一样，哥伦比亚人将自己的政治看作是一种超越时间的美，其基础是古希腊和罗马帝国的“精神遗产”。[29] 对萨尔加多来说，拉丁美洲的团结也不是一个实用的目标，而是一种从内在自我生发出的对“综合”的渴望，而这种综合此前的化身是玻利瓦尔。拉丁美洲“完全是个潜意识世界，一直沉睡在政治和文学的外表下，而我们已经被这种外表蒙蔽了一个多世纪”。[30]

萨尔加多并不是唯一揭示拉丁美洲深层暗流并将其人格化的领袖。卢贡内斯还提议建立南美国家“真正天然的邦联”，阿根廷在其中扮演核心角色。与萨尔加多的亚特兰蒂斯神话及玻利瓦尔化身理论不同，卢贡内斯否认拉丁美洲与欧洲的任何区别。对他来说，成为拉美人最好的方法是成为“白人”。在乌里布鲁崛起之前，卢贡内斯还在墨索里尼身上看到了一个俨然“回到罗马”的神话人物。他认为，“剑之时刻”（卢贡内斯对拉美迎来独裁统治的黎明发出的著名呼唤）是原始统治形式的时刻，是真理与权力有机结合的时刻。1930 年政变后，独裁者乌里布鲁将军的声音和文字被构想为统一的仪式安排，以代表集体救赎的承诺。正如卢贡内斯指出的，乌里布鲁的人格综合了“人民与军队”。在人民的敌人拒斥民族意识的时候，独裁者把自己变成这种意识的化身，然后将其启示给民族。法西斯主义领袖因此拥有真理。

第六章

启　示

意大利法西斯分子强调,墨索里尼向他们启示了“永恒的真理”。[1] 对他们来说，墨索里尼的话表达了那个时代的现实。法西斯主义者相信，领袖的话让他们得以理解“人类的精神”。他有着“不屈的意志”和高瞻远瞩的目光。[2] 但这不仅仅是视角的问题。他的声音是绝对的。它应该代表包括艺术形式在内的所有表现形式。[3]

墨索里尼是一个新的法西斯世界的源头。他是“无人能及的”。法西斯主义的歌曲坚持墨索里尼的独特性及其在意义创造上的超卓。他们把他的“话 / 道”想象成动员的源泉。他甚至照亮了死者。“命运”之路掌握在他的手中。正如法西斯主义歌曲《军团之鹰》所宣称的，墨索里尼代表着“天才、信仰、激情和真理”。[4]

意大利法西斯主义者面临着“通过注解墨索里尼的思想来创建分析法西斯文明的语料库这一巨大的任务”。正如法西斯主义者费德里科 · 福尔尼在 1939 年所说，法西斯主义同时是“世界的造物和表现”。因此，真理不仅需要遵守，而且需要被积极地构建。换句话说，真理是一场“正在进行中的革命”(revoluzione in atto)的结果。如果说从18世纪到20世纪早期“知识”一直是“科学的”，那么法西斯主义有效地改变了政治认知史的进程，它否弃了科学的可证伪性概念，因为“法西斯主义的基本原则是不可改变的和永恒的”。与可塑性强的科学真理概念截然相反，福尔尼认为，“作为一种将真实看作信仰而非证明的神话运动，法西斯主义是非科学的。作为被信仰的真理，它战胜了被证明的真理”。[5]

同样，阿尔弗雷德·罗森伯格认为，“正如对认知的批判所呈示的，整个真理的逻辑部分是将理解力和理性作为工具进行操纵。而整个真理的直觉部分是在艺术、童话故事和宗教神话中启示的”。对罗森伯格来说，认知只有在其“服务于有机真理”时才能被接受。这实际上意味着为种族神话服务。如果认知能够提升“这个种族—人民的凝聚力和内在价值”，能够“更有目的性地培养它，更有针对性地塑造它”，那么这种认知就可以转变为一种可接受的真理形式。作为他所认为的神话直觉与认知相结合的结果，“知与信之间的原始冲突，即便没有得到解决，也会退回到其有机的基础之上，并使得一种新的目光成为可能”。罗森伯格宣称，在无神话的真理观中，“对‘绝对永恒的真理’的探求被纯粹地理解为认识上的事情，即是说，即使不是技术上可以实现，也是差不多可以实现的事情”，而这“从根本上”是缘木求鱼。这是错误的，他说，因为“一个种族最后可能的意志已经包含在其最初的宗教神话中了。承认这一事实是人类最后的真正智慧”。[6]

即使法西斯主义者相信神话和经验观察可以有机地融合在一起，他们也否认真理仅从经验观察中就可以得出，因为真理具有神圣的本质。相反，启示是以政治神话探究民族精神的产物。正如巴西法西斯领袖萨尔加多看到的，民族正在“从本土的能量中汲取神秘之诗，这首诗在狂野的神谱的统一中，甚至在同样处于新生状态的语言的词根中揭示自身”。拉丁美洲是一个“太阳大陆，它的胸前是赤道，像一条奇异的光项链，头顶是充当王冠的北回归线，子宫处则是散发着光芒的南回归线，它在灵魂的隐蔽处不自知地守护着太阳对印加面纱的崇拜”。[7]

同样，在罗森伯格看来，人民对领袖的种族“本能”式的服从代表了一个精神上的新时代。这是“精神对物质蛮力的胜利”。在法西斯主义的世界里，墨索里尼的“信仰、服从、战斗”三位一体意味着正义的实现。正如 1935 年法西斯大委员会在发动侵略埃塞俄比亚的战争时声称的，我们“热情地拥戴领袖作为国家最高权利的实现者”。[8]

在法西斯主义中，领袖的意识形态决定了真理。反法西斯主义者亚历山大·柯瓦雷*在 1943 年解释了这一现象：“极权主义政权的官方哲学一致丑化对每个人都行之有效的单一客观真理，认为这种想法纯属无稽之谈。”柯瓦雷称此现象为激进主义者对真理的理解。因此，极权主义理论家否认了思想的固有价值：“对他们来说，思想不是一盏灯，而是一种武器；他们说，它的功能不是发现现实，而是改变现实，从而把我们引向非现实。”在柯瓦雷看来，神话和情感对经验式证明的取代是灾难性的：“在这种情况下，神话优于科学，对激情起作用的修辞学优于对智力起作用的证明。”[9]

法西斯主义者和反法西斯主义者有着共同的范畴甚

---

* 亚历山大·柯瓦雷（1892—1964），俄裔法国哲学家，科学思想史学派创始人，著有《从封闭世界到无限宇宙》。

至词汇，但在政治意义和合法性上，却大相径庭。因此，在政治光谱的另一端，阿根廷法西斯主义诗人卢贡内斯认为，“可证明的真理”并不能揭示终极真理。他将终极真理等同于英雄主义、民族主义和美。如果说自由主义具有现象学意义上的真理，那只是半吊子的真理。对卢贡内斯来说，法西斯主义代表了一种既存在于历史之中又存在于历史之外的真理。它的根源是希腊–拉丁古典世界、基督教和西班牙对美洲的征服，它代表了爱国主义对自由主义的反抗。但这也是一种超历史的神圣趋势。在卢贡内斯的阿根廷教权法西斯主义版本中，真理同样是权力和神圣的一个方面。[10]

与卢贡内斯一样，德马埃斯图也提出了“永恒真理”的存在。正是在寻求“作为先验本质”的公正和真理的过程中，真实才得以显现。[11]同样，巴西最重要的法西斯知识分子古斯塔沃·巴罗索认为，巴西法西斯主义是世界上最好的政治形态，因为它代表了“永恒的真理”。这些真理应许了一种超越性的改变，即由灵、十字架和民族的“合一”来统治的“新时代”。[12]与卢贡内斯、德马埃斯图一样，巴罗索认定新时代的崛起意味着绝对真理在美学和政治上的至上。[13]巴西法西斯统合主义领袖萨尔加多则更为露骨。历史时代将被神话时代取代："如今，拉丁美洲是世界的枢要之地，因为一个会在时间的曙光中得到解释的死亡事件。""亚特兰蒂斯的消失"与拉丁美洲的现在有着明显的关联。这是一个史诗般的时刻，标志着"一个完全不同于其他所有文明的文明的曙光"。[14] 通过神话的反省来理解死亡，将把我们带向过去和现在的真相。

法西斯主义是一个新世界的启示："巴西统合主义现今的工作代表了这种感觉的致命性，代表了地球本能的致命性，代表了对欧洲大陆人群缄默的声音的启示。"巴西和拉丁美洲是最后的图勒——神话中一个位于世界尽头的遥远的未知之地。"我们是最后的西方，"萨尔加多声称，"而且由于我们是最后的西方，我们也是东方开始的地方（Primeiro Oriente）。我们是一个新世界。我们是第四人类。我们是未来时代的曙光。我们是地球的力量。我们再次成为那些在最遥远的年代在天国的历史中写下他们的进军的人，这一进军始于黄道十二宫第一宫白羊宫的发光之门。"[15]

当下的真实，"解释"的真正形式，是启示。卢贡内斯、德马埃斯图、巴罗索和萨尔加多在跨大西洋的法西斯主义者中并不孤单，他们将真理视为历史和神话的融合，将政治视为神圣的载体，将美和正确的政治等同，并认为正义应完全服从于权力。在法西斯主义中，真理被认为是现实，因为它根植于灵魂、形象和行为——法西斯主义者将其等同于政治意识形态——在情感上的散发。行动、对灵魂的探索和信仰取代了有计划的考虑。

正如罗马尼亚法西斯主义者科尔内留·科德雷亚努所警告的，制订一个完整而明确的计划违背了法西斯运动的旨趣。信仰和灵魂的重生比计划更重要。他写道，罗马尼亚法西斯主义者“是有主义，有信仰的。这是一种更高层次的东西，它神秘地团结了成千上万决心创造另一种命运的人。当人们出于某些利益服务于他们的计划或学说，军团成员则是有大信仰的人，并随时准备为信仰肝脑涂地”。科德雷亚努的结论是，信仰比计划更好，因为没有人会为计划而死，但法西斯主义者愿意为他们的信仰而死。法西斯主义是一所“伟大的精神学校”。它创造了一种将是一场“灵魂革命”的奉献精神。罗马尼亚法西斯主义的主要政治目标是改变“个体的灵魂和人民的灵魂”。这是一种与敌人的谎言相对立的真理的政治，或者像科德雷亚努所说的，是一种与敌人提倡的自我腐败作斗争的政治。“在人民面前大肆宣扬的新计划和社会制度就是一个谎言，它们的阴影之中隐藏着一个邪恶的灵魂。”谎言并不是经验上可证伪的陈述；相反，对科德雷亚努来说，谎言是“缺乏履行职责的良知，背叛一切罗马尼亚事物的精神”的表现。[16]

需要对这些谎言采取行动。正如英国法西斯主义领袖奥斯瓦尔德·莫斯利爵士所说，法西斯的行动与民主对话正相反。行动是“真正的法西斯爱国主义”的中心。[17]相反，虽然阿伦特和柯瓦雷都把法西斯主义看成只是反对真理，但更有趣的是，他们也都注意到形象在法西斯主义的真理理解中的核心地位。[18]正如我在其他地方论述的，弗洛伊德和博尔赫斯这两位截然不同的同时代作家都曾谈到这一特殊的层面。对博尔赫斯来说，正如1925年他在《我们》杂志上所写的，法西斯主义和“卢贡内斯化”（即通过卢贡内斯宣布“剑之时刻”而闻名的法西斯主义）意味着一种无助于思想的对感觉的“升华”。博尔赫斯将法西斯主义等同于“智力滑坡”（tropezones intelectuales）。对弗洛伊德来说，法西斯主义栖居于一个幻想的世界中，在那里神话和领袖支配着现实的法则。[19]对两人而言,法西斯主义的问题在于,它将谎言——而且是一种暴力的、野蛮的意识形态——应用于结构古典神话世界的真理之中。它不仅代表了被压制的众神的回归，回到被理性征服的世界中，也代表了诸神所采取的极权主义政治。

对博尔赫斯和弗洛伊德来说，法西斯主义缺乏真理跟它的非理性有关，它毫无根据地将古老的多元神话转化为单一的政治神话。弗洛伊德将法西斯主义概念化为对真理的病态理解。博尔赫斯则认为，纳粹的反犹主义植根于一种“习得的幻觉”。对两人而言，法西斯主义都是对情境性真实（即历史）的否定。两人都强调了在法西斯主义中暴力、种族主义和信仰之间的关系。在博尔赫斯看来，法西斯主义完全是破坏性的。人只能为纳粹主义撒谎、杀人和挥洒鲜血，而纳粹主义却无法促成任何积极的结果。法西斯主义暴力是“对剑的信仰”，是植根于“恶行伦理学”的一种先验形式。博尔赫斯在第二次世界大战期间发表的一则评论就点出了这一意识形态层面：德国人必须接受灌输，研讨这种暴力伦理学中的“克制”概念。但纳粹伦理学是一个矛盾的说法，是一种“非伦理学”（la ninguna ética del nazismo）。

这不是一种源自书本的理性的伦理教育，而是从形象和情感中汲取伦理。简而言之，是迷信的回归。因此，博尔赫斯认为法西斯主义与阅读是正相对立的。他在1944年警告道，法西斯主义最终将导致知识的毁灭。它将为“地球上所有书籍的死亡”开辟道路。具有讽刺意味的是，由于缺乏1944年博尔赫斯对当时正在进行的灭绝犹太人的那种了解，弗洛伊德还以讽刺的口吻，认为焚书比焚尸好。对弗洛伊德来说，纳粹党人的焚书代表了法西斯主义对学术文化的排斥：“我们取得了多么大的进步啊。要是放在中世纪，他们会把我活活烧死；而如今，他们满足于烧掉我的书。”[20]

就此而论，一些法西斯主义者在认识论上确实过激，以至于否定阅读作为政治知识来源的价值。[21] 但对大多数法西斯主义者来说，思想需要与行动相融合。正如墨索里尼所说，书籍和火枪共同造就了完美的法西斯主义者。[22] 法西斯主义者同书籍和文化的关系非常矛盾。可以肯定的是，法西斯主义是由强大的思潮支撑的，包括未来主义和其他形式的现代文学艺术。但法西斯主义也把反智主义作为政治动力的一个关键来源。正如秘鲁马克思主义知识分子何塞·卡洛斯·马里亚特吉所言，对于真正的法西斯主义者来说，法西斯主义“不是一个概念”。法西斯主义以暴力之名反对艺术。墨索里尼的意识形态立场是“受情感驱动的”。

马里亚特吉分析了1920年代法西斯主义的基本维度，特别是作为其本构的反启蒙维度。法西斯主义运动反对“自由和民主，但也反对语法”。[23]它决定在意识形态上拒绝文化。同样，在阿多诺看来，法西斯分子的感伤主义并不意味着一种简单的“原始而未加反思的情感”，而是明确地决定去模拟或模仿本应是无意识的世界。法西斯主义者有意识地寻求这种“集体倒退”。法西斯主义为其追随者提供一种虚构出来的“真实感情”，而不是一种简单的非理性主义形式。[24]

对于法西斯主义者来说，抽象概念和可疑的象征主义潜在地、不可避免地蕴涵着自由主义和民主。法西斯主义者的计划是重返情感和形象世界，而文本必然需要概念化，与感觉状态存在着足以带来危险的距离。概念和原则被法西斯主义视为需要加以纠正的理性的海市蜃楼。讽刺的是，对于法西斯主义者来说，“意识”是真理暴力地外化的结果，即从破坏事物的象征性和类比性秩序的暴力演示，转向现实中明确的暴力征服。意识和本能对于法西斯极权主义国家来说是有机统一的。[25]简而言之，对无意识的神话力量的探求，界定了法西斯主义者对意识的看法。

第七章

法西斯主义的无意识

法西斯主义被假定代表了一个集体的载体，供本真的存在进行表达和政治调谐。灵魂对世界有本真的内观这一观点是法西斯主义思想进程的中心。它是法西斯主义者理解政治的根本。例如，墨索里尼的弟弟阿纳尔多认为，支配着法西斯主义的意志，促进了一种内在而普遍的更新。实际上，他认为墨索里尼的工作是调谐这一集体灵魂。政治比艺术更能把握和改造灵魂，并将其投射到未来。简言之，法西斯主义将灵魂理解为其政治合法性的来源。[1]

人民个人层面和集体层面的欲望体现为领袖的形象。从某种意义上说，领袖表达了法西斯主义的主权思想。诚然，这种主权植根于集体意志——但只是名义上的。只有领袖才是主权欲求的理想代表。他完全理解民族的集体愿望，或者换个说法，他比人民更清楚他们真正想要什么。在希特勒看来，领袖的作用就是实现人民的欲求，因为“普通民众只是怀有模糊的欲求和大概的信念，对于目标或欲求的实际性质并不明了，更不用说实现的可能性了”。[2]

掌舵者这个“最强者”的角色源于“自然秩序”。希特勒的语言表明，人民内心对领袖是唯一真正重要之人的笃信，类似于一种宗教复兴的形式。领袖必须把握了人民的“心理冲动”之后，才可以采取公共行动。对希特勒来说，那些找不到“英雄解决”的国家是“无能的”。与这种状态相反的是，通过全体人民化身为领袖来实现政治欲求：“命运终有一天会赐予它一个担此大任者，让夙愿终偿。”希特勒认为，这样一个人的降临是一场神话般斗争的结果，一种无法被事实佐证的超历史命运。领袖是由历史设定的在“属于他的地方”的“最出色的人”，“事情总是如此，并将永远如此，因为它一直如此”。在这种由过去和现在之间的线性联系形成的神话视野中，希特勒反对“真理”，反对“所谓的人类智慧”。历史乃是意识和“无意识对霸权的争夺”。[3]

墨索里尼也把自己视为一个无意识集体的主要解释者。法国的原始法西斯主义思想也提出了类似的观点。

莫里斯·巴雷斯*崇尚“无意识至上”，夏尔·莫拉斯†坚持认为本能和无意识是社会组织的核心。[4]法西斯主义的合法性便是基于这种独特的观念：政治合法性来自无意识。根据这一定义，人民主权不可能是多数民众的选举表达，而是法西斯国家及其领袖双重独裁的实现。墨索里尼创建的极权国家是法西斯主义的化身。正如意大利法西斯主义者米凯莱·比安基认为的，“国格是有生命的，它并非一个抽象概念或法律公式，而是一种情怀和意志：民族的情怀和意志”。因此，比安基提出，墨索里尼统治下的国家不仅是一种政治现实，而且是“一种理想和伦理现实”。[5]

这种“民族意志”是国家被法西斯主义征服的结果。它不是一般的国家，而是法西斯主义国家，植根于法西斯主义对神话无意识的认知和践行。法西斯独裁成为其外在表现。这种无意识的概念是意识形态的，因为它的支持者期待它能超越更加讲究事实根据的认知层次。但

---

* 莫里斯·巴雷斯（1862—1923），法国作家、政治家。青年时代信奉“自我崇拜”原则，后期转向以“故土与祖先”为理论支撑的民族主义。

† 夏尔·莫拉斯（1868—1952），法国作家、政治家，极右的“法兰西行动”的精神领袖，维希政权的主要理论家。

这些关于法西斯政治的内在本真性的主张，实际上是法西斯对自身的合理化。换句话说，它们构成了法西斯主义在政治上强调驱动力、神话和幻想而反对计划的理由。因此，讽刺的是，法西斯主义者的无意识必然是有意行为的结果。

根据法西斯主义的观点，人民的权力被永久地委托给领袖，由其充当人民理想自我的最佳表达。领袖是人民主权的化身。如果说君主代表的是自身，那么法西斯领袖对合法性的主张就取决于人民。但在法西斯主义的修辞和信仰中，这种合法性并非没有神圣的内涵。对墨索里尼来说，只有对领袖绝对授权，“人民主权”才能存在，领袖以强力而非共识进行统治。[6] 但墨索里尼的解释不仅展示在他对现有民众意志的解读或者确认“人民对其力量的肯定”上，更重要的是展示在他自己的直觉上。像希特勒一样，他认为自己知道人民真正想要什么。他想象自己能从内心触碰到“民族的脉搏”。[7]

结果，即使法西斯主义者对法国理论家乔治·索雷尔表示赞赏，他们也对他的工具主义观点持批评态度。索雷尔相信神话的政治力量，但不信仰神话。对巴西法西斯领袖萨尔加多来说，索雷尔的问题在于他把历史简化为阶级斗争；因此，“索雷尔的方法”与“基督的方法”是对立的。简言之，索雷尔缺乏信仰。他是“可亲近的，但存在不足”。正如哥伦比亚法西斯主义者指出的，索雷尔的理论可以产生共产主义及其“解药”，即法西斯主义和纳粹主义。他们认为，“暴力才是唯一的制造者，但如果没有创造出灵魂的史诗状态，暴力就不能起作用”。这种状态可由“宗教、荣耀或伟大的政治神话”引发。墨索里尼也表示，“索雷尔是我们真正的大师(nôtre maître)”。不过,在将索雷尔呈现为自己“精神”构造的塑造者之一的同时，他也表达了与其在道德问题上的重大分歧。总而言之，墨索里尼远远超出了索雷尔将神话视为工具的观点，他相信神话的真实性。[8]

墨索里尼将(由他自己推断的)人民的欲求与神圣的欲求混为一谈。1926 年，他声称，他在思考国家的历史命运时，能够“看到”神圣意志——“永不犯错的天意之手，绝对无误的神的显示”——在事件的展开中起到的作用。[9] 许多法西斯主义者对此表示赞同。在他们看来，墨索里尼的思想展示了“神性在人类中的崇高的渗透”。墨索里尼的灵魂被认为是所有灵魂的共同化身，是解读意大利人内在本真性的理想源泉。[10] 其结果是，墨索里尼通过无休地辩解自己的言行，对法西斯主义不断地进行重新表述，也就是说，他的幻想和欲望在政治上得以实现。正如法西斯主义知识分子卡米洛·佩利齐所说，法西斯主义教条是没有必要的，因为这一教条主要由墨索里尼的人格和行为所代表。[11]仿佛是在展示一种政治动力理论，这种对墨索里尼的能动作用（agency）的极权化，常常被解释为肯定生高于死的结果，就像在献给“法西斯革命英雄”的赞歌中看到的。墨索里尼本人也将生命等同于一种激进的斗争意识。[12]

对法西斯主义者来说，本能、灵魂、性格和人格都是神话的体现，是生物学的现实，也是帝国历史的集体遗产。由于缺乏理性的调和，法西斯主义的内在自我不再是精神上的抽象，而是民族的帝国神话活生生的再现。相对于对身与心进行的抽象区分，佩利奇认为“灵魂”是一种“可吸收的真实”(realtà assorbente)。[13]在法西斯主义者的构想中，他们的政治是对这一“真实”的表达，通过暴力、战争和帝国主义的“内在”经验。帝国是“等级本能”的基本表现。[14]总而言之，法西斯主义者关于无意识的观点强调必须承认领袖的需求是对破坏性动力的正确释放，即对暴力欲望的肯定。简而言之，法西斯主义认为自己体现了纯粹的欲望，但同时又压制一切与法西斯主义的意识形态要点——总体战、完全暴力和消灭敌人——无关的欲望。[15]法西斯主义代表了暴力在政治领域中的绝对化。这一点被墨索里尼的“生活在危险中”这一思想所概括，或者如西班牙法西斯主义者希门尼斯·卡瓦列罗所言，一种注入了神秘主义的创造性危险。在希门尼斯·卡瓦列罗所认为的完美的法西斯世界中，“痛苦和战争”的概念具有“肯定的和超自然的价值”。[16]

主体将“在痛苦和战争中”找到先验价值这一观念，证明了法西斯主义真理观的非人化层面，即真理属于超自然世界，而不属于人类历史和机构。这种对真理的神圣形式的信仰,有着明确的基督教神学内涵。在《圣经》中，主的真理与人的谎言形成了鲜明对比：“神是真实的，人都是虚谎的。”那些不相信上帝之真实的人，简直是被妖魔化了：“谁是说谎话的呢？不是那不认耶稣为基督的吗？不认父与子的，这就是敌基督的。”不忠者的谎言源自魔鬼。他们想按照人类的标准来判断，反对只有信仰才能提供的真实理解：“你们为什么不明白我的话呢？无非是因你们不能听我的道。你们是出于你们的父魔鬼，你们父的私欲，你们偏要行。他从起初是杀人的，不守真理，因他心里没有真理；他说谎是出于自己，因他本来是说谎的，也是说谎之人的父。”[17]法西斯主义的真理观就是从这套传统的神圣真理与恶魔谎言的对立中发展起来的。正如阿根廷法西斯主义神父莱昂纳多·卡斯泰拉尼在1943年声称的，获得真理的唯一途径就是从上帝那里把它“翻译”出来。其结果将是科学的真理被“神秘的真理”所取代。[18]

于是法西斯主义放弃了自我意识，代之以上帝真理，据说这一真理是源自净化过的自我。正如希门尼斯·卡瓦列罗抱怨的：“人对自己的意识分析得太多了；他不相信不可分割的东西的统一，结果腐蚀和稀释了它。而这正是弗洛伊德主义和超现实主义的私生子背后的秘密。”弗洛伊德理论属于左翼分子和犹太敌人文化的一部分。它既是原始主义的精髓所在，也是世俗现代性的标志：“旧石器时代的原始人和今天的野蛮人在不知道的情况下都成了弗洛伊德主义者。”[19]

通过把弗洛伊德理论解释为渴望拥有一种对真理的先验感知——这实际上是他的自我理论的一个关键因素——像希门尼斯·卡瓦列罗这样的法西斯分子，捍卫了一种民族主义和宗教的真理概念。抛开一切怀疑，以拥抱“对无蔽的智性之真理的信仰”，就可以达到这个真理。这条从个人状态到集体状态的道路概括起来就是法西斯主义政治：“生命的艺术就是……从个人状态通向祖国状态，以便进而达到一种至高的永恒状态，即和平和对上帝的沉思。”他断言：“让我们遵守个人的纪律，如同音符服从只有上帝才在其中脉动且聆听的旋律。”[20]

法西斯主义政治神学通过援引一种超越人类历史的真理，通过放弃对自我的批判性探究，提出了一条通往现实的神圣之路。这一举动暗含着对认知的排斥和对现实几近完全的疏离。它导致法西斯主义信徒极为不信任源自精神分析技术的自我意识。为什么批判弗洛伊德对法西斯主义者而言很重要？在同精神分析的斗争中，什么是与他们利害攸关的？接下来我们将讨论这些问题。

第八章

反对精神分析的法西斯主义

作为一个刚刚旅欧回来的年轻诗人，博尔赫斯在1921年给一位西班牙朋友写信，讲到一个雄心勃勃的——也许是不可能完成的——文学计划，即与马塞多尼奥·费尔南德斯及其他文友集体创作一部奇幻小说。博尔赫斯说，故事情节将围绕一个虚构的布尔什维克夺权计划展开，夺权的手段是在阿根廷人民中传播一种“普遍的神经症”。[1] 当然，博尔赫斯并没有动笔，他很可能也未预见到有人会把这个假设的阴谋想象成对国家的实际威胁。然而，一群阿根廷法西斯主义者正是这样将犹太阴谋认定为威胁——他们甚至指出博尔赫斯本人就是其中的一位参与者。根据这群人的观点，犹太人不仅是集体神经症的缩影，而且密谋通过传播这种疾病来获得对国家的控制。弗洛伊德的精神分析学说在这里既是手段，也是目的。

法西斯主义关于神秘的、暴力的、按等级划分的自我的观念，同精神分析理论形成了鲜明的对比。对许多法西斯主义者来说，精神分析学的无意识范畴只适用于敌人。反过来，弗洛伊德否定法西斯主义的神圣维度，并把它看作西方向野蛮主义的回归，从而不仅反对法西斯主义者的目标,也反对其自我理解。对莱奥波尔多·卢贡内斯来说，弗洛伊德象征着不可接受的东西：他质疑神圣的观念，因此也质疑法西斯主义所代表的政治观。卢贡内斯写道，对于弗洛伊德来说，“上帝不过是一些野蛮部落所拥有的图腾或野兽宠物（beast-pet）的理想化，其本身是两极化的”。[2] 他代表了一种“反宗教”，强调本能力量的消极性。卢贡内斯认为精神分析首先是“反基督教”的，因而与基督教法西斯主义的永恒真理背道而驰。

与此同时，像比尔希略·菲利波这样的阿根廷教权法西斯主义者，对精神分析学关于正常、欲望和病态的观点感到担忧。简言之，弗洛伊德的理论显然威胁到了关于自我和神圣的先验真理。菲利波是这一时期弗洛伊德主义最重要的反犹敌手之一。和许多阿根廷法西斯主义者一样，他把弗洛伊德的精神分析学视为对国家的威胁。这种看法是基于对“内部敌人”的特殊看法，以及对犹太人的一种主要是世俗和种族层面的攻击，但也吸纳了传统的宗教层面的反犹主义因素。

在这个问题上，菲利波常常援引反犹作家阿尔韦里科·拉戈马西诺博士。拉戈马西诺分享了菲利波关于弗洛伊德学说的看法，特别是在犹太人的文化和艺术活动方面。他断言，各种犹太文化企业家通过采用“弗洛伊德的精神分析理论”，将“力比多升华”为艺术表现。在拉戈马西诺看来，精神分析理论导致了一种特别犹太式的“艺术表现”，淡化精神而突出感官。肉体性和肉欲性的原则反映了艺术形式上的“倒退”。不过在一面谴责的同时，他又对犹太人所推广的精神分析艺术的“杂质”表现出某种准色情的迷恋。值得注意的是，拉戈马西诺用狂欢的，甚至纵欲的形象来表现他所谓的“犹太艺术”。依据他的描述，这种艺术的特点是无法分清的裸体。总之，“交媾变成了受推荐的主题。这就是犹太人当权之下的现代艺术！”[3]

菲利波认为，不受约束的性许可是弗洛伊德的主要目标之一——这位精神分析学之父复活了伊壁鸠鲁派学说，从而捍卫了“自由之乐”（libre gozo），并构筑了一条下降到“虐待妇女”和“本世纪的耻辱——犹太教–共济会–共产主义”的“阶梯”。最终的后果是“弗洛伊德自称要抵消上帝在肉身上的影响”。[4]菲利波并不是唯一对犹太阴谋的性方面感到恐惧的人，这个阴谋聚集了所有在他看来是“撒旦和阳具崇拜者”的人。许多天主教反犹主义者暗示，弗洛伊德对基督教真理的不着边际的攻击与他晚年患上的“舌癌”之间存在着秘密的关系。法西斯主义神父莱昂纳多·卡斯泰拉尼说，他在1935年访问维也纳时听到过这个传闻。[5]

在法西斯主义盛行的那些年，性是全球反犹右翼传播的犹太人刻板印象的核心。希特勒本人也将自己的幻想和恐惧投射到犹太教在性和种族上的威胁。

> 脸上带着撒旦的喜悦，黑发的犹太青年潜伏着，伺机用自己的血液玷污毫无戒心的女孩，从而把她从她的人民手中偷走。他用尽一切手段试图摧毁他打算征服的人民的种族基础。就像他自己有计划地毁掉妇女和女孩一样，他在为他人拆除血统的屏障时也并未退缩，甚至是大规模地拆除。过去和现在，是犹太人把黑人带到了莱茵兰，他们总是怀着同样的秘密思想和明确目的，即通过必然导致劣化的行为来毁灭可恨的白种人，把他们从文化和政治的高

度上掀下来，自己升为主人。[6]

虽然许多拉丁美洲的法西斯主义者分享了希特勒的一些偏执的性幻想，但他们认为希特勒忽视了基督教的启示真理。然而，对于阿根廷教权法西斯主义者来说，“犹太人问题”仍然不仅是神学问题，还是种族问题。胡利奥·梅恩维尔神父认为，在阿根廷，“问题”的解决方法必须是天主教的，而不是最后成为“纳粹最终解决”的方案。[7]对他来说，纳粹的反犹主义脱离了上层政治利益。然而，他也认为纳粹的暴力是上帝针对左翼全球计划的结果。[8]鉴于梅恩维尔把他不喜欢的一切都怪罪于犹太人，民族主义者的暴力只能是一种反犹主义的补救措施。但是，这种暴力不能是异教徒所为。在梅恩维尔看来，存在着“一种异教模式，拒绝外来者，只因其是外来者；一种基督教模式，拒绝外来者是因为其有损国家的正当利益；一种异教模式，排斥和憎恨犹太人，只因其是犹太人；一种基督教模式，知道犹太人对基督徒人心的溶解，会限制其影响，使之不致造成伤害”。[9]

墨西哥法西斯杂志《舵》将希特勒描绘成以真理之

名与犹太人作战的人，只是他的方法有别于“世界上的天主教多数派”。墨西哥法西斯主义者费尔南多·德欧兹卡迪坚称，人们可以从他们的精神中感受到这种“真理”。

> 这个事实，无论看起来多么令人难堪，无论让人的良知感到多么羞耻，在所有人的精神中，都是一个令人悲哀和痛心的真理。人类也不会忽视犹太的受害者，爱国者的坚定意志和强大精神足以从根本上摧毁一个国家全部的犹太化组织。大德意志的元首是位有洞察力的实干家，他的脉搏没有颤抖，意识没有软弱……这位铁人受到人民的坚定支持，犹太人的“禁忌”在他的意志面前毫无力量。[10]

尽管如此，希特勒并非拉丁美洲学习的榜样。德欧兹卡迪认为“天主教世界有其他的武器：信仰、白人的信念与羞愧、洁净的血液，之后才是羞辱和弃绝”。他声称历史是“反犹运动”背后的原因，这场运动不仅“在宗教的风中飘荡，也为数百年文明树起坚实的藩篱。它是为了我们在摇篮里从母亲唇间轻声听到的信念而斗争，是要向卑贱地曲折前行的爬行动物展示男子气的勇敢”。对于那些相信这些反犹主义谎言的人来说，赌注高得不能再高：“生存还是毁灭：要么是天主教粉碎犹太教，要么是犹太教粉碎天主教，进而将两个世纪伟大的遗迹拖走，这些遗迹已被我们的懦弱和衰退的信仰玷污。”[11]

不过如果他们的真理真是如此强大，法西斯主义者怎么会幻想着犹太人能将其粉碎？阿根廷法西斯主义者认为，弗洛伊德和精神分析是共产党人、共济会和犹太人密谋组成的反阿根廷联盟中新的强有力因素。菲利波是 1930 年代这种意识形态话语的重要代言人。对于法西斯主义者来说，有一条他们不会越过的底线：犹太人在性方面是不正常的，而法西斯主义者不是。菲利波认为弗洛伊德主义对欲望的合法化和物化极其成问题。[12]反过来，他又为他想要贬低的那部分自我创造了一个术语，即“做梦的自我”（oneiric ego）：“下等的、本能的、无意识的自我”。[13]对菲利波神父来说很明显的是，“做梦的自我”绝对是犹太人，是无意识的，在性的方面不加思考，而“有意识的自我”完全是天主教徒和阿根廷人，有能力决定个人的意志。

因此，菲利波致力于揭露弗洛伊德作为所谓力比多力量鼓吹者的身份。这位著名的精神分析学家和爱因斯坦一样，都是“占支配地位的唯物主义”框架中的重要人物，根据菲利波的说法，该主义破坏了国家和天主教通过全面压制来主宰无意识令人不安的力量的能力。[14]同样，许多意大利法西斯主义者都认为正常的自我与犹太人的自我之间存在二元对立。对法西斯主义者来说，弗洛伊德“把道德淹没在力比多的沼泽中”。[15]有一篇题为《打倒弗洛伊德》的文章可作为症候，作者是法西斯主义者阿尔贝托·斯帕伊尼，他在其中称弗洛伊德是质疑灵魂不变性的冒牌“犹太祭司”。墨索里尼本人也称弗洛伊德为精神分析学的“大祭司”。[16]

把精神分析描绘成攻击永恒真理的一个有趣的例子，来自教士莱昂纳多·卡斯泰拉尼。他用“胡安·帕尔梅塔”这个笔名在阿根廷天主教杂志《标准》上发表文章，嘲笑弗洛伊德的精神分析学说。卡斯泰拉尼在反犹时显示的阴险的幽默是一扇窗户，让我们得以了解这一法西斯主义解释群体（interpretive community）*的

* 接受理论的术语，由美国批评家斯坦利·费希提出。他认为，创造意义的不是文本和读者，而是“解释群体”的“解释策略”。

病态恐惧。对卡斯泰拉尼来说，弗洛伊德的“泛性论”是一个显而易见的、几乎是必定的事实，他称之为“弗洛伊德性学”。他认为这是一种“有害”的另类宗教，以弗洛伊德为“圣灵”。[17]

弗洛伊德质疑灵魂的不变性及其产生的真理，并用自己的神圣真理来取代它们，这是法西斯主义者不能容忍的。然而值得注意的是，他们愿意在一定程度上根据弗洛伊德自己的主张来理解他。法西斯主义者强调，在面对自我神秘本质的力量时，弗洛伊德的无意识理论无立足之地。他们视意志为灵魂的表达和真理的生产者。如果说他们自己的无意识版本是其极权主义唯意志论的源点，那么他们坚持认为弗洛伊德使无意识看起来像是历史之外的动物形态。

对巴西法西斯主义领袖萨尔加多来说，弗洛伊德的理论属于一个人造的自由主义的过去，即 19 世纪。但它现在已经成为共产党人的理论，他们对工人并不真正感兴趣,而只是对“列宁主义的煽动”感兴趣。他们是“真正的资产阶级”，“吹嘘”发现了“哲学、社会学和政治学中最新奇的地方：弗洛伊德”。萨尔加多将弗洛伊德的理论与他自己的“统合主义”进行了对比，按照他的说法，统合主义“是一个绝对植根于 20 世纪的概念”。与弗洛伊德的精神分析学不同，巴西法西斯主义无法为“猴子、卑屈的模仿者、被动的纳税人和不能理解自己所处时代的个人”所理解。[18] 法西斯主义者对时间的理解极其凭直觉。在法西斯主义中，种族在“潜意识的理智”和“直觉”中得到“揭示”。当精神分析学为无意识是“原始大猩猩的入侵”这一理论辩护时，法西斯主义断言并不断将无意识呈现为“原始的生存意志”。[19]

法西斯对精神分析的攻击是以一个无理性的主体的名义进行的。它意味着对自我的驯化，以及以绝对真理的名义否定客观真理。法西斯主义者把精神分析看作一个重大威胁，因为对他们来说，精神分析民主地拒绝教会或威权领袖所规定的永恒真理秩序，同其肯定资产阶级秩序的异化之间并不存在紧张关系。正如阿多诺在 1944 年观察到的，这就是在那些恐怖杂志的“法西斯无意识”中展现出来的对精神分析学的认知。[20]

在将弗洛伊德理论解释为一种自我异化的形式的过程中，法西斯主义者为“颂扬自己的优越性的人”辩护，同时诋毁“弗洛伊德式的人”，即力比多之人。如果说前者是一种优越的男性气概的缩影，那么后者让不受控制和缺乏自反的性冲动占了上风。对许多法西斯主义者来说，精神分析质疑了法西斯革命的基本信条，提出了一种不同的历史、真理和神话理论。法西斯主义者驳斥了弗洛伊德关于无意识是“所有精神垃圾的存放处”的观点。对他们来说，精神分析提出了自己的超越和毁灭的神话。在一个值得注意的投射时刻，法西斯主义者阿方索·彼得鲁奇宣称：“犹太人弗洛伊德的学说只有在形式上是新的，它是地下世界与光明世界的永恒斗争的一部分。”[21]

在法西斯主义者看来，弗洛伊德想要的只是“破坏”。相反，法西斯革命则是将“破坏”和“建设”结合起来。正如法西斯主义教授多梅尼科·伦德所言，弗洛伊德的无意识理论“本质上是与法西斯主义学说相悖的”。像伦德这样的法西斯主义者持有这一反犹观点，即只有犹太人才是反常行为的主体。精神分析是本应去解决的疾病的结果，但法西斯主义会“治愈”染上精神分析的非犹太人。[22]许多法西斯主义的追随者都同意这些立场。例如，卡尔·荣格曾是弗洛伊德的弟子，后来又是反对精神分析的知识分子中的一员，他认为应该控制犹太人的精神，而非“雅利安人”的精神。对荣格来说，犹太人的无意识是有问题的，而雅利安人的灵魂是自我发现和文明的源泉。他认为德国法西斯主义正在深入雅利安灵魂的“深处”。[23]

法西斯主义代表了一种模糊内部与外部界限的企图，即解除内心愿望与外在世界之间的障碍。用简单的政治术语来说，就是拒绝现实的检验。法西斯主义者认为他们的进程是一种激进的历史能动形式，一种法西斯的极端历史唯意志论形式。对纳粹来说，意志的至高无上统摄了从黑暗到光明、从中世纪场景到希特勒的现代领导这一神话般的历史连续体，正如莱尼·里芬施塔尔在电影《意志的胜利》开头戏剧性地表现的。[24] 纳粹主义和法西斯主义都把其对民族的理解植根于一种历史观念，而这种观念正因为充满了神话因素而往往与历史记载相偏离。对意大利法西斯主义者来说，罗马（至少在意大利 1938 年种族法之前）具有纳粹主义在想象的种族历史中发现的相同的神话维度。

正如历史学家索尔·弗里德兰德 * 所言，“纳粹主义

---

* 索尔·弗里德兰德（1932— ），以色列历史学家，纳粹大屠杀幸存者，著有《第三帝国与犹太人》。

调动的那套形象看似毫无意义,却不断唤起人们对神圣、恶魔和原始的渴望——简言之,对神话力量的渴望”。[25]但是，如果说弗洛伊德认为神话的功能是寓言式的，是无意识运作的隐喻，那么法西斯主义则将神话按字面意思解释为灵魂运作的理想表达。索雷尔强调了神话思维强大的政治和分析层面。[26]墨索里尼和希特勒则更进一步。他们不仅利用神话，还拥抱神话，将其当作优越的真理和法西斯主义者意义创造行为的来源。

第九章

民主与独裁

法西斯主义的一个关键谎言是，独裁才是最真实的民主。与法西斯的其他谎言一样，这种编造的“真理”取代了经验真理。从现实的角度来看，这种意识形态的结果永远不会是真实的。它根本就是假的。然而，法西斯主义者相信，他们的谎言证明了更深层次的真理。他们拒绝接受现实的证据，而代之以对领袖及他们所捍卫的极权主义意识形态的深切到近乎宗教的信仰。他们支持领袖和意识形态作为绝对真理的代表。法西斯主义者并非不把他们的谎言当回事。他们想要相信他们的谎言，而且他们做到了。

民主并非这种将谎言与对谎言的深切信仰结合起来的法西斯模式的例外。法西斯主义者将等式颠倒过来，认为现有的民主才是一个谎言，因为他们认为选举代表制并没有真正表达人民的意愿。只有领袖才能永远代表人民。如我们所料，对希特勒来说，犹太人也是多元民主（即缺乏单一意志的制度）这一根本错误的观念的幕后推手。具有讽刺意味的是，鉴于这种抱怨，他的言论将所有犹太人压缩成一个统一的意志力。希特勒把犹太人所谓的计划说成俨然是一个人的计划："他在这一阶段的最终目标是'民主'的胜利，或者按照他的理解，议会制的统治。"这样犹太人就可以让"以愚蠢为特征的大多数"取代"个性"。希特勒把自己的意图和欲望投射到犹太人身上，不仅认为他们有一个邪恶的计划，居然还说他们不相信民主,想要建立一个独裁政权。"现在，最后一场伟大的革命开始了，"他这样写道，并预测了一个激进的犹太人阴谋的结果，"在获得政治权力的过程中，犹太人卸下最后的伪装。作为'民主民族'的犹太人成了嗜血的犹太人和欺压各民族的暴君。在几年内，他会试图消灭爱国知识分子，并通过剥夺各族人民在知识上的天然领导权，使他们成为永世不得翻身的奴隶。"[1]

当然，事实上是法西斯主义者拒绝自由民主并代之以独裁统治。法西斯主义者还计划消灭他们的敌人，而且最终他们也这么做了。这种置换既发生在理论上，也发生在实际中。正如法西斯主义者所认为的，法西斯主义在本体论上反对现存的民主生活。[2] 法西斯主义将作为驱动力的暴力概念具体化，将其呈现为真实自我赤裸裸的发泄。因为它所代表的东西无法通过直白的语言或类比来分享，所以它是非透明的。本能只能通过对拥有真理的领袖的服从行为来表达。

法西斯主义者认为真正的民主此前从未存在过，不论是从美国到印度，还是从阿根廷到日本。他们谴责议会制，坚持认为它已经过时，已被共产主义腐化，或者是犹太人的一个阴谋。尽管如此，他们还是发明了一种想法，即他们的威权主义会带来更好、更实用和更真实的民主形式。[3] 中国的蓝衣社认为，要想让革命取得成功，“为人民民主奠定基础”，就得推翻现有的民主。[4] 同样，西班牙法西斯主义者谴责“民主的古老谎言”，并将人民主权确定为“救世的法西斯主义的学说和规程”。[5]

墨西哥法西斯主义知识分子何塞·巴斯孔塞洛斯认为，真正的现代民主从未存在过。他发表社论说：“即使石头都知道民主已被埋葬，当主要的民族不再像意大利或西班牙的中世纪小共和国那样，把自己的命运交给选举自由，而是交给一直在利用各国的渴望与痛苦、无辜与不幸的犹太共济会黑手党。我们没有见过民主，但我们见过帝国主义的阴谋和高级财阀的统治。”巴斯孔塞洛斯的结论是，缺乏真正的民主，意味着纳粹德国代表了拉丁美洲未来可能达到的最佳状态。像希特勒一样，他认为犹太人，特别是美国犹太人，是法西斯主义的真正敌人，或者用他的话说，正是“这同一伙人……如今在美国宣扬国际金融民主的‘圣战’，反对希特勒和墨索里尼为人类带来解放的极权主义”。[6]

在秘鲁，法西斯主义者认为，既有的民主催生了“财阀统治”，对此只能通过“比例代表制”来纠正。在法国，法西斯主义者与“政治民主”对抗，渴望实现一种“统合的”和“极权的”的民主。[7] 在阿根廷，卢贡内斯认为威权统治本质上是反政治的。[8]

卢贡内斯主张根据统治的社团结构来改革选举制度，他以自我标榜的“非个人的客观性”，称之为“职能代表制”。卢贡内斯认为，职能代表制是最符合阿根廷需要的民族主义形式，它在公司和职业团体中组织普遍但有条件的投票。这种政治制度的选民是人民，而非与之相对立的“无定形的群众”。卢贡内斯将自由民主视为凡庸的政治，而社团主义制度是全球法西斯主义反对选举代表制内容的一部分，但在某种意义上，他也与意大利法西斯主义背道而驰，因为他希望由一个社团（军队）来主宰，甚至凌驾于独裁者之上。他认为这样的国家照例超脱于政治。这一神话维度是他坚持对国家进行“威权主义重组”(reorganización autoritaria) 的根源。[9]

像墨西哥和巴西的法西斯主义者一样，卢贡内斯在全球法西斯主义的背景下构建他所提议的社团主义军事国家。对他来说，墨索里尼是一个“马基雅维利式的综合体”。法西斯主义并非意大利特有，它代表的是一种“军事民主”的普遍模式。国家的“再集中与防御”似乎是意大利法西斯主义的基本原则之一，但它们也是更广泛的独裁趋势的症状。意大利法西斯主义具有示范性，但不是一个典范。尽管如此，意大利的社团主义现实对卢贡内斯来说确实很重要。在他看来，墨索里尼把意大利从一个“无产阶级的次等国家”变成了一个“势力”。势力（potency）是“建立一个新型国家”的基石。

卢贡内斯看到了他所希望的法西斯主义：“民主独裁”。[10] 在他看来，法西斯主义与他对阿根廷的建议非常相似：一种军国主义的和社团主义的独裁统治，他还症状性地将其设想为一种军事民主形式。[11] 反法西斯主义者看到的仅仅是无情的法西斯独裁统治，而许多法西斯主义者则相信法西斯主义才是唯一真正的民主。当然，这是一个谎言。但有趣的是，法西斯主义者确实在努力创造一种取代立宪民主的代表制。

把权力和真理托付给领袖是关键。但这还不够。对法西斯主义者来说，社团主义作为一种合法化的工具，可以有效地弥合独裁与代表制之间的矛盾。因此，他们认为社团主义是民主的标志。自由而普遍的选举代表制将不再被允许。社团主义是抵御所谓的国家敌人——自由主义、共产主义和犹太教——的重要方面。民主正处于“幼年期”，而法西斯主义将使其走向成熟。[12]

总而言之，法西斯主义者认为，社团主义为植根于人民主权（若非选举主权）的独裁代表形式提供了实质的合法性。换句话说，对法西斯主义者来说，真正的民主实际上是一种社团主义的独裁。[13]世界上大多数法西斯主义者都认为，社团主义是一种威权民主形式，他们也把这种政治制度等同于法西斯独裁。他们认为独裁是唯一真正的政治代表形式，独裁者可以在社会不同部门之间进行仲裁，所有人都听命于独裁的行政权力。

社团主义是两次世界大战期间全球回应自由民主的一个重要方面。可以肯定的是，这种观念已经存在了许多世纪，它并不总是局限于反民主阵营，也不总是从属于法西斯主义的政治真理观。[14] 作为一种意识形态的提议，法西斯主义者开始将社团主义与其意识形态的绝对真理联系起来。它是以独裁民主替代自由民主的方案的组成部分，许多法西斯主义者认为自由民主只不过是共产主义的序曲。

这种反自由主义和反共产主义的社团主义是法西斯主义在全球传播的主要内容。[15] 虽然对社团主义实践的真正应用存在着大的疑问，但对于社团主义思想在法西斯意识形态圈和法西斯政权中的中心地位，很少有历史学家会持不同意见。[16]

从 1920 年代开始，社团主义日益成为反自由主义和反共产主义的独裁政府形式的代名词。在这一时期，墨索里尼将社团主义列为法西斯意识形态的核心要素。它是“克服了社会主义和自由主义”的“新综合体”的一部分。[17] 墨索里尼并不孤独。他的介于自由主义与社会主义之间的社团主义“第三条道路”，成为法西斯主义思想在全球传播和改写的工具。对法西斯主义政权来说，社团主义体现了主权合法性的一种形式；它建立了一种代表制，但没有以显著的方式贬低独裁者的真正权威。就此而言，社团主义提供了一种由领袖的最高仲裁来调节冲突的理论。如果说在非独裁的代表形式中，社团主义将国家视为利益集团的仲裁者，那么在极权的社团主义之下,领袖与国家之间没有区别。从理论上讲，社团主义在意识形态上为独裁者的合法化服务。它本应证明化身为领袖的人民权力的真理性。但它在实践中从未成功过。

法西斯社团主义没有什么民主可言。它基本上是由一个人统治，而其他人必须服从这个人。反法西斯主义者对此很清楚。1920 年代，著名法律思想家汉斯 · 凯尔森写道，社团主义以另一种更接近独裁统治的形式取代了议会代表的民主形式。凯尔森反对那些仍然相信社团主义可以促进民主的人。事实上，他证明情况恰恰相反。社团主义只保护那些不再认同民主宪制者的利益。他们投机取巧地呼吁所有职业团体“有机”参与政府，其背后是对威权统治的渴望。对凯尔森来说，社团主义不仅潜藏着独裁的可能，其本质就是独裁的。它总是与民主为敌。[18]

相反，对法西斯主义者来说，真正的社团主义民主不可能像过去那样。但对于其他所有观察者来说，法西斯主义者所理解的民主就是独裁。为什么独裁者要把独裁说成是民主？难道他们真的认为自己是民主的吗？有一点是清楚的，即法西斯主义者需要根据他们的意识形态前提和期望来塑造民主。民主的真实植根于意识形态的要求而非现实。如果领袖真的完全知道人民想要什么，那么就会有真正的民主。但事实显然并非如此，所以独裁被解释为民主，而既存的或者曾经存在过的民主则被呈现为虚伪的，用来承载必须被摧毁的邪恶计划。这样的民主必须以意识形态真理之名击败之。因此，西班牙独裁者弗朗西斯科·佛朗哥宣称，有许多关于民主的定义，但其中只有一个是“正宗的”。[19] 佛朗哥说过：“民主传统将在新西班牙得以保存，如果可能，还会得到改进。”[20] 他这么说只是在撒谎吗？他后来解释说：“我们用实际的民主来反对形式上的民主……我们的民主从人民那里收集愿望和需要。”[21]

世界各地的法西斯主义者都认为现有的自由民主制度已经腐朽，并认为它们（不论有意或无意）打开了通往共产主义的大门。“智利国家社会主义运动”领袖豪尔赫·冈萨雷斯·冯·马雷斯声称，智利的民主只是一个“幌子”。法西斯主义者将通过摧毁所谓的民主来“拯救民主”，这种所谓的民主“滋养和强化了苏联独裁的根基”。与共产主义独裁相比，智利法西斯主义者坚持他们想要建立一种“真正的民主”。[22]

法西斯主义者将立宪民主等同于一个谎言。他们认为，选举代表制能够表达人民主权的说法实属谬论。对他们来说，这种观念只是一种“幻觉”。[23]民主把谎言强加给人民和国家。在法国法西斯领袖让·雷诺看来，民主议会是代表们与“真正的国家”失联的地方，也是他们失去“真理感”的地方。[24]因此，对法西斯主义者来说，议会民主制违背了真理。人民主权不能由民主代表制来衡量。此外，法西斯主义者认为民主选举扭曲了真正的代表性。

正如阿根廷独裁者何塞·费利克斯·乌里布鲁所说，“‘民主’这个以大写的‘D’开头的词对我们已经没有意义了……这并不意味着我们不再是民主党人，而是说我们更真诚地希望在某一时刻，一种小写的但有机的、真正的民主能取代给我们带来巨大伤害的错位的煽动”。[25]乌里布鲁尤其反对自由主义。他想要一种独裁的“民主”，植根于社团主义的国家组织形式。这位阿根廷独裁者宣称“自由民主”已成为过去时。他提醒那些相信“普选权才是政治上的硬道理”的人“太阳底下无新事；社团曾给12世纪和13世纪的意大利公社带来伟大和辉煌，只是后来因君王们主导的行动而衰退了”。乌里布鲁将法西斯主义看作一个悠久传统的重焕生机：“社团主义联盟不是法西斯主义的新发现，而是对一种制度的现代化改造，这种制度在漫长的历史时期所产生的结果使其有理由获得复兴。”[26]

在法西斯主义中，选举只有在确认独裁时才是有效的。在西班牙内战中消灭了所有的反对派——五十万人被杀，几乎同样多的人流亡——之后，佛朗哥于1947年举行了一次全民公投，以确认他为终身国家元首。佛朗哥认为这次可疑的选举极其“自由和受欢迎”。“独裁和自由是相容的”这一论点乃他的终极谎言。对佛朗哥来说，反法西斯主义者坚称在他的统治下不可能获得自由时，是在撒谎。敌人的谎言具有“这样的虚拟性，以至于它最终会通过强行重复自身欺骗制造它的人。我们的胜利已然压倒了他们。然而，我们不应该抱有太大的幻想。恶意是不可原谅的，我们必须愿意在任何场合顽强地捍卫我们的真理”。[27]

1938年，佛朗哥为法西斯主义者对西班牙民主的致命攻击辩护，称其基础性的论点是“源自对真理的捍卫”。佛朗哥在法西斯主义谎言史上的地位并没有逃过巴勃罗·毕加索的眼睛，在完成著名的《格尔尼卡》以谴责法西斯主义并直接记录其空袭杀戮平民的行径前不久，他曾出版一本小册子，上面的蚀刻版画对独裁者进行了入木三分的刻画，其中一些与他为后来的名画所作的研究有关。在这本名为《佛朗哥的梦想与谎言》的小册子中，毕加索一方面敏锐地捕捉到了法西斯主义的谎言和暴力在独裁者形象中所扮演的角色同他所代表的独裁方式之间的联系，另一方面看到了现实同经验之间的联系。[28] 法西斯主义的谎言使其追随者无法接触到那些生活随民主一道遭到攻击和破坏的人们的现实和苦难。

让如此多法西斯主义者自欺的机制，被这位西班牙独裁者投射到了他的敌人身上。当然，这也是法西斯主义捏造真相的历史中反复出现的一种模式。

第十章

毁灭的力量

1928年，法国法西斯主义者乔治·瓦卢瓦*写道，在民主制度下，二加三等于五，但在民族主义政治的新时代，二加三等于六。瓦卢瓦的意思是，在法西斯主义统治下，永恒的真理将取代逻辑的真理。正如他所解释的，在“资产阶级的生活中，二加三等于五。从商业和法律精神上说，这无可争议。在民族生活中，二加三等于六，因为英雄精神使之发生了改变”。[1]

这种精神的改变既适用于个人，也适用于民族共同体。法西斯主义革命意味着按照计划对自我进行彻底的改造。在法西斯主义之下，英雄的政治力量将被释放出来。正如我们所看到的，法西斯主义者寻求通过无意识来自我实现。他们认为，对本能的探索可能导致无序和混乱，但在法西斯主义的框架下，将通往政治统治。正

---

* 乔治·瓦卢瓦（1878—1945），法国记者、政治家。曾加入“法兰西行动”，后与夏尔·莫拉斯关系破裂。在维希法国期间参与了抵抗运动，于1944年遭纳粹逮捕，死于卑尔根—贝尔森集中营。

如法西斯主义知识分子马西莫·斯卡利杰罗所言，法西斯主义通过“将自我从无意识的颓废和物质的黑暗层面带到确定的、被有意构建出来的绝对现实的光明中”，从而把“秩序”强加于自我。这种对现实的建构是服从领袖意识形态的结果。法西斯主义头目和教育部长朱塞佩·博塔伊展示了这种从属关系的深度，他在一封给墨索里尼的私人信件中写道：“我已竭尽自己的意识为领袖效劳。”按照法西斯主义者自己的逻辑，他们绝不类似于“神经质的人、高高在上的人和那些受自我中心的伤感主义影响的人”。法西斯主义的服从代表了无意识的内部世界向法西斯主义的绝对意识秩序的“转化”。这是一种“力量”(forza)行为，一种“对自我发号施令”的行为。[2]

卢贡内斯同样认为，生命以“力的法则”为标志。真理是权力的产物：“真理构成了一种形而上的实体，更确切地说，一种与人类信息的各种状态相对应的人类构念（ideation），我们称之为‘文化’；因此之故，过去和未来都有许多宗教和哲学。”但卢贡内斯并不是一个相对主义者：他认为所有这些“‘宗教和哲学’都从属于‘统治的本能’”。祖国就是建立必不可少的人类等级制这一本能的结果。因此，这是“一种自然史现象”。卢贡内斯将他的政治现实主义理解为对“势力概念”的发扬。势力的范围与“强加政治的能力”相同。对他来说，这种“政治现实”在罗马帝国中发挥着作用。势力，即支配他人的意志，是“主权的动态表达”。[3]

法西斯主义要求对无意识进行探索，将其转化为政治，以及为暴力和本真性的激进源头而斗争的意志。法西斯的这种对暴力欲望在政治中的作用的执迷，深深地困扰着弗洛伊德,并使他的无意识理论发生了重大变化。尽管法西斯主义强调力比多的危险性，但对弗洛伊德来说，力比多实际上是与无意识的破坏性力量（他称之为“破坏本能”)相对立的。正是在法西斯主义盛行的年代，弗洛伊德赋予了后者一种来自厄洛斯（爱神）的强大的自主性。如果说在此之前，厄洛斯（爱神）和塔纳托斯（死神）或多或少协同工作的话，那么法西斯主义则代表着这种微弱稳定性的丧失。根据弗洛伊德的英译者詹姆斯·斯特雷奇的说法，正是由于法西斯主义，尤其是希特勒的行为,弗洛伊德才将越来越多的自主性归于“人类侵略和自我毁灭的本能”。

在 1930 年的开创性著作《文明及其不满》中，弗洛伊德强调了毁灭的迹象在政治上的日益突显，他极其悲观地看待这种不断发展的统治。他写道："人类对自然力量的控制已经高到可以在这种力量的辅助下，毫不费力地相互残杀，直到只剩下最后一人。" 1931 年，弗洛伊德在上面这段话后加了一句话，也是文章的最后一句。关于爱神战胜毁灭的能力，弗洛伊德问道："但是，谁能预见到会有怎样的成功和结果呢？"[4] 他把这个问题看成是一个忧郁的反问。他在 1936 年的一封私人信件中写道："世界正变得如此悲哀，注定会迅速毁灭。"[5]1933 年，有人邀请弗洛伊德离开维也纳定居布宜诺斯艾利斯，在答复中，他将纳粹主义描述为"德国的耻辱"。更概括地讲，他将法西斯主义等同于一种残酷的"教育"。法西斯主义代表着"向史前野蛮状态的倒退"。[6]

法西斯主义憎恶理性企图压制对政治统治的私密欲望。从这个意义上来说，它直觉地，几乎是辩证地反对弗洛伊德两次世界大战之间的无意识理论，以及阿伦特、何塞 · 卡洛斯 · 马里亚特吉、阿多诺、霍克海默、卡西尔、博尔赫斯和其他许多同时代的反法西斯主义者的批判论点。[7] 由此，我们可以说，法西斯主义对批判理论的抵制本质上是对理性的前反思（prereflexive）反应的一部分。这种抵制植根于安东尼奥·葛兰西很可能是在思考法西斯主义时，从关于自我及其集体从属的政治幻想中找到的某种东西，即神秘主义和神圣在政治情境中的中心地位。[8]

阿多诺对此表示赞同，并指出破坏是“法西斯主义精神”的心理基础核心。法西斯主义的纲领是“抽象而模糊的”，其认识是错误而虚幻的。法西斯主义有着深远而古老的根源。它将基督教教义“粗暴”地转变为“政治暴力”的口号，其中涉及启示、牺牲思想、模仿和投射。阿多诺在这里区分了领袖和追随者：前者常常伪装自己的宗教和信仰，而后者则听任自己被谎言欺骗。他们只是想拜倒在法西斯主义领袖的超强自我之前。领袖旁敲侧击地向他的追随者确认他的“基本身份”。接着阿多诺提到了“弗洛伊德所认为的暗示在意识与无意识的互动中的作用”。领袖将自己的欲望投射到敌人及其追随者身上。反过来，领袖的主要目的是满足追随者被压抑的破坏欲。[9]

欲望和破坏（以及对破坏的欲望）对于法西斯主义

的兴起至关重要。秘鲁反法西斯主义思想家马里亚特吉说，墨索里尼并没有创造法西斯主义，而是“从一种情感状态中提取出了一种政治运动”。马里亚特吉想知道曾经对社会主义深信不疑的墨索里尼是如何转向法西斯主义的：“从一种学说改宗另一种学说这一过程的机制是什么？这不是靠脑力能实现的，而是一种非理性的现象。这种思想态度的转变，其背后的动力并非思想，而是情感。”[10]

事实上，早在1914年墨索里尼就已经认定，他之所以离开社会主义，是因为需要遵循“新的真理”。这位未来的领袖将暴力视为这一神圣的真理。[11]马里亚特吉同意墨索里尼是有意识地决定抛弃社会主义，拥抱法西斯主义的“暴力崇拜”。但他并不认为这种新政治是个人进化的结果。墨索里尼的新信仰是由其追随者决定的。他们期望他能够提供一种特殊的真实，而他也做到了。“他的意识形态圣体共在论*”是他决定认同其法西斯主义追随者的期望之结果。[12]

---

* 圣体共在论（consubstantiation）是基督教神学中有关圣体实在的理论之一，认为基督的血与肉是和面包与酒同在的，而非通过弥撒转换而成。

像阿伦特等人一样，葛兰西、阿多诺和马里亚特吉最终都不愿意相信法西斯主义者在表达他们的意思时是真实的、理性的。然而，法西斯主义制定了一种“自我理论”，基于无意识在政治中的作用。法西斯主义将这种从无意识到意识的过程看作是对先验真理的揭示。对阿多诺来说，这种真理概念双重地根植于对现实和既定权力关系的迷恋。法西斯主义将正确的东西与救赎的概念相提并论。领袖梦想着将“恐怖与美结合”。其结果不仅是敌人的死亡和毁灭，也是自我的毁灭。法西斯主义的结构蕴含在“自毁这一无意识的心理欲望”之中。阿多诺警告他的读者，虽然希特勒的演讲“不真诚”，但有教养的人不把它们当回事是错误的。[13]阿伦特还强调了法西斯主义的暗示性。纳粹的谎言“暗示了某些基本真理”，它们被“易受骗的欧洲人”相信，从而将他们引向了“毁灭本身”的“旋涡”。[14]

许多反法西斯主义者将法西斯主义描述为荒谬的返祖现象，而法西斯主义者寻求的则是自我的古老维度。他们从中看到了真理的原始核心。这就是博尔赫斯在两次世界大战期间对法西斯主义的批判性分析中强调的解读。他还认为法西斯主义是“感伤主义的”。但他要更进一步。法西斯主义是一个政治主体的集合，其中的成员难以置信地在学习成为野蛮人。法西斯主义想要建立一种新“道德”。他们对领袖的充分信任，即“对领袖（jefes）的偶像崇拜”，导致法西斯主义者信奉魔法和对全面暴力的具体化。1938 年，博尔赫斯认为：“法西斯主义是一种灵魂状态。事实上，它对其改宗过的追随者的要求，不过是夸大所有人都有的爱国主义和种族偏见。”[15]

法西斯主义者想抛开理性，回归偏见。博尔赫斯强调，法西斯主义者的思维方式处于理性的对立面。他称之为“畸形的理性”。这种“理性”想把自己的权威建立在内在自我的表征上，但事实上，法西斯主义只能表现为“冲动的和不合逻辑的”。[16] 众所周知，法西斯主义对受压抑的东西的回归是一种有意识的行为。在实践中，法西斯主义者的自我陶醉导致了一种毁灭论，这远不是凭借直觉发生的。法西斯主义者的自我意识导致了权力、真理和暴力的等同。

按照法西斯主义的构想，意识代表了对真正主权的预期中的主张。墨索里尼在 1925 年阐明了这一论点，他解释说，在法西斯主义中，普通民众变成了“自觉的人”。对这位领袖来说，在这一时刻，“历史真理成为意大利人的自觉精神之面包”。[17]这时历史变成了神话，其目的是摧毁可证明真理的任何痕迹。

结　语

民粹主义对历史的战争

> 无论是在阿根廷还是在耶路撒冷写他的回忆录，无论是面对警官还是法庭，他说的总是同样的话，用同样的词。一个人听他说话的时间越长，就会越明显地感觉到，这种表达力的匮乏恰恰与思考力的缺失密不可分；确切地说，他不会站在别人的立场思考问题。之所以无法同他进行任何交流，并不是因为他撒谎，而是因为他周围环绕着坚固的壁垒，屏蔽着他人的话语和存在，进而屏蔽着现实。
>
> ——汉娜·阿伦特《艾希曼在耶路撒冷》

几十年来，民粹主义领导人既在字面意义上销毁历史记录，同时又玩弄法西斯主义受害者的记忆和经历，而这一切都是为了政治利益。他们的行为深处是一种混淆谎言与真相的模式。2016年特朗普主义的崛起并没有揭示什么新东西，而不过是凸显了这一事实，即民粹主义现在统治着世界上最强大的国家。据《华盛顿邮报》报道，特朗普总统的撒谎记录已超出了政客的底线。正如该报所言，“这（几乎）是个公论：美国总统是个骗子”。《纽约时报》则说得更加委婉，“关于他的总统任期，有一个真相：在他驳斥之前，关于他的坏消息都是假的”。他的很多批评者甚至怀疑他已经达到了奥威尔式的撒谎水平。[1] 奥威尔在他的小说《1984》中写道：“党叫你拒绝相信自己的眼睛和耳朵。这是他们最后的且最根本的命令。”[2]

将这一文学维度归结为特朗普主义，阐明了本书所分析的法西斯主义谎言史与当下之间的联系。特朗普主义已经在政治谎言史上取得了显著的地位。更具体地说，它代表着一段较长历史的新篇章，将两次世界大战之间的法西斯主义与当代民粹主义联系在一起。特朗普主义显然属于捏造另类真理的漫长历史，这种“真理”取决于领袖的洞察力和欲望。

如同墨索里尼和希特勒将领袖的绝对正确等同于真理，特朗普主义也认为，该运动的引路明灯具有一种神性，有别于其他所有人。他不仅如他毫不谦虚地说的，

“如此英俊、如此聪明，是一个真正稳定的天才！”，* 而且如白宫新闻秘书萨拉·桑德斯所暗示的，是上帝之手。桑德斯说：“我认为上帝召唤我们所有人在不同的时期扮演不同的角色，而他希望唐纳德·特朗普成为总统，这就是特朗普成为总统的原因。”特朗普本人也将自己的政治活动认定为宗教任务，甚至声称在合法性、国家和神之间存在一种关系：“我们的权利不是人赋予我们的，而是我们的造物主赋予我们的……无论如何，任何世俗力量都不能剥夺这些权利。”在一次采访中，特朗普声称投票给民主党的犹太人“要么是完全无知，要么是极度不忠”，他重申了美国犹太人对国家不忠的“反犹套路”。按照这种逻辑，美国犹太人无视或背叛了领袖的真理，在宗教和政治上便都是不忠诚的。后来，他加倍表态，在推特上向一位右翼阴谋论者表示感谢，后者称以色列人“喜爱［特朗普］，就像他是上帝的第二次降临”。上帝和特朗普作为上帝的隐喻在特朗普主义中被混为一谈。当被问及上帝时，特朗普本人会赞美上

---

* 特朗普自称“稳定的天才”（stable genius）是为了反击“精神不稳定”的批评，利用了 genius 一词的多义。

帝以及他自己的人设、商业交易和领导力。特朗普的竞选经理则更直接地表示，总统是上帝派来拯救国家的。[3]将领袖与上帝合二为一成为特朗普主义者的宗教信纲，就像法西斯主义者一样。

墨索里尼凭借这种神启思想来撒最离谱的谎言。正如我们已看到的，法西斯主义宣传断言法西斯主义领袖永远正确。希特勒更加明确了这种领袖与神的联系；虽然希特勒很少相信除了自己的天才之外还存在其他灵感来源，但作为人来讲，他以教皇为榜样。元首声称："我在此要求我和我的继任者在政治上被视为绝对正确。我希望世界逐渐习惯这一要求，就像习惯教皇的要求。" [4]

戈培尔这位帮助希特勒变成一个活的神话的宣传大师，居然相信希特勒是个"天才"，是上帝派来拯救德国的。法西斯主义宣传展示了，甚至创造了自己成功的证据。就连戈培尔"自己的日记，也打算作为记录他成功的文献在他死后出版"。[5]纪实与编造之间没有区别。

纳粹的宣传编造了一个无法用事实证明的希特勒神话，即他是一个从天而降的神。但纳粹党人并不是真的这么想。像其他人一样，他们可以看到领袖是坐着飞机降落的。尽管如此，对他们来说，希特勒的降落是一个从意识形态的终极真理中得出的隐喻。他们相信其真实性。无论是在《意志的胜利》这样的影片中，还是在国家宣传中，希特勒的形象都代表着一种信仰，一种无需证明的真理。

特朗普主义的民粹世界距离法西斯主义将绝对正确、真理和上帝相融的世界有多远呢？事实上，许多美国人都认为特朗普在选举人团那里获得的胜利是上帝的杰作。正如特朗普的一位基督徒支持者所认为的，“数百万美国人……相信特朗普当选总统代表着上帝给了我们另一次机会——也许是我们真正让美国再次伟大的最后一次机会”。[6] 特朗普本人似乎也相信有关自己的神话。他相信自己拥有“伟大而无与伦比的智慧”。他永远不会出错。一个典型的事例是 2019 年被问及他的一个关于俄罗斯和委内瑞拉的谎言时，特朗普回应说，就算现实与他现在的说法不一致，他所说的也会很快成为事实。他的推理并不依赖于任何形式的经验证据，而是基于一种对自己天生绝对值得信赖的信念。特朗普在总统办公室与记者争论时说：“好吧，让我们看看谁是对的。”他问他们：“你们知道自己会怎么着？你们会知道最终谁是对的。你们就看着吧。我们走着瞧。最终你们会看到，我永远是对的。”[7]

与领袖直接的、不经质疑的声音代表了真理这一想法同步的是这样一种想象，即传统媒体除了谎言之外不能给公众提供任何东西。每当总统不喜欢选举结果或民调结果时，有关舞弊程度的谎言对特朗普主义的谎言史就至关重要。

作为 2016 年的总统候选人，唐纳德 · 特朗普拒绝承诺如果输掉大选会接受选举结果。赢得大选后，特朗普在多个场合称，希拉里 · 克林顿只是靠非法投票才赢得普选票，而这一指控并没有任何证据。正如一位白宫前法律顾问所言，“随后，他成立了一个由副总统彭斯和堪萨斯州州务卿克里斯 · 科巴赫共同主持的委员会，研究选民舞弊问题。但该委员会未能找出非法投票的证据，反倒是被自己一名成员以非法操作为由成功起诉后突然解散”。[8]特朗普谎称，他之所以输掉新罕布什尔州，是因为马萨诸塞州自由派选民存在造假。关于自己的总统竞选活动与俄罗斯之间的关系，他却没有说实话。

但也许他最公然的谎言是关于其胜利的历史性的谎言。他认为，“民主党人……遭受了这个国家政治史上最惨痛的失败之一”。正如美国国家公共电台所表明的，特朗普关于他的胜利(以及他的政敌的失败)的历史性质的论点与实际结果相矛盾:“特朗普赢得三百零六张选票,希拉里赢得二百三十二张选票……但很难说这是历史性的压倒优势,因为在五十八次总统选举中,有三十七次获胜者赢得了更多的选票。”[9] 捏造历史成了特朗普建构真相的核心。

为何特朗普如此执迷于自己的当选,并在与之相关的问题上多次撒谎?从历史上看,民粹主义把选举变成了对领袖意识形态真理的公投。赢得选举后,民粹主义自称其当选的领袖是人民的化身,是人民唯一真正的代表。选举构成了合法化的根本,因为其作用是确认民粹主义领袖的主权。在这个意义上,民粹主义与法西斯主义截然不同,因为后者没有地方可以进行有意义的选举。[10]

法西斯主义和民粹主义都诉诸领袖、国家和人民的政治三位一体,并将其作为自身合法性的主要来源。在这两种形态中,人民、国家和人格化为领袖的人民代表之间并不存在矛盾。这两种意识形态相信化身就是代表,实际上这就意味着把人民的意志完全委托给领袖。这个由三部分构成的代表神话建立在以下幻想之上，即一位领袖不知怎么地就等于一个国家和它的人民——一个人与两个概念的等同。然而在法西斯主义中，这种化身并不需要任何理性或程序性的中介，例如选举代表。[11] 相比之下，在民粹主义中，选举对于确认领袖神圣至上的真理非常重要，领袖要想维持对自己的历史地位的看法，散布有关选举的谎言至关重要。

通过赢得公投选举，民粹主义领袖确认了其权力的双重属性；他既是选出的代表，又是准先验的人民的领袖。正如阿根廷总统胡安·庇隆经常说的，“人民应该知道……领袖是天生的。他不是通过法令或选举人为产生的”。他补充道：“领袖必须找到自己的模子，然后根据自己的效率，用从上帝那里得到的与撒母耳的膏油*直接相关的内容来填充它。”[12]

永恒化身的观念过去曾导致法西斯主义，现在则导致民粹主义宣扬起领袖的绝对正确，甚至到了这样的地步，即认为领袖的选择代表了国家最后的机会。这种国

* 撒母耳为以色列王国建立初年的士师、先知和祭司长，先后膏立扫罗和大卫为王。

家和人民正面临迫在眉睫的危险的紧急感，是领袖将敌友立场和军事战略投射到对手意图上的结果。正如当时还是总统候选人的特朗普在谈到即将到来的 2016 年总统大选时声称的：“对于他们［他的敌人］来说这是一场战争，对他们来说，没有什么事情是做不出的。相信我，这是一场为了我们国家的生存而进行的斗争。11 月 8 日将是我们拯救国家的最后机会——请记住这一点。”特朗普告诉他的追随者，他的当选标志着“我们的独立日”。庇隆同样将自己在 1946 年的当选认定为第二次“独立”，他坚称，“上帝把我带到这个世界是为了阿根廷人民的独立和自由”。他还将自己与历史上的军事征服者相提并论，认为这些征服者和他一样，都是人民的领路人：“世界历史借由亚历山大、恺撒、腓特烈和拿破仑的例子表明，胜利属于那些懂得提升和带领人民的人。”[13]

如果说 1945 年后掌权的现代民粹主义是以民主的方式对法西斯主义改头换面，那么当代右翼的新民粹主义者则越来越接近法西斯主义的梦想，即毁灭历史，并以绝对正确的领袖神话取而代之。早期民粹领袖对于法西斯主义者彻底改变历史记录的行为有一定的犹豫。这种情况在新世纪的右翼民粹主义者出现后发生了改变。他们正在对自己的历史实施反向工程*,尤其是对法西斯主义本身的历史。

歪曲总体的法西斯主义历史，尤其是纳粹历史，一直是这种新民粹主义的一个基本特征。以色列总理本雅明·内塔尼亚胡有时会与国内外的种族主义和仇外党派结盟，也曾为了自己的政治利益歪曲大屠杀历史，最近又提出，在两次世界大战期间，一位亲纳粹的巴勒斯坦领导人在欧洲犹太人的灭绝中扮演了关键角色。根据内塔尼亚胡的说法，1941 年，阿道夫·希特勒向穆夫提征求意见："我该拿他们怎么办？"穆夫提回答说："烧了他们。"[14] 没有证据表明这番对话曾经发生过。同样地，唐纳德·特朗普谴责他的敌人采用了盖世太保的战术，同时又攻击"反法西斯主义者"，声称即使在新纳粹分子中也有"好人"。[15]

为什么民粹主义领袖要原谅、歪曲或调换纳粹主义和法西斯主义的真实历史呢？因为当这些领导人从法西

---

* 反向工程又称"逆向工程"，即通过技术手段对公开渠道取得的产品进行拆卸、测绘、分析等，以获得有关的技术信息。不过作者在此处对该术语的使用，似乎指涉的是一种修正主义的立场。

斯主义意识形态、修辞和策略中汲取灵感时，他们必须阉割法西斯主义的历史，以使他们的政治观点正常化。他们修改法西斯主义的历史，将其塑造成神话而非历史，暗示过去的法西斯主义并没有人们认为的那么坏——甚或根本不是法西斯主义。当然，这是谎言。

因此，民粹主义计划的核心就是改写历史。巴西总统博索纳罗不仅对纳粹的过去这样做，而且对自己国家的历史也这样做。对于那些担心博索纳罗为政治暴力辩护且意欲扩大总统权力的人来说，他试图粉饰本国独裁历史的做法，是民粹主义者在历史问题上撒谎的一般模式的症候——这一点让人深感不安。

2019 年，博索纳罗希望官方庆祝 1964 年的政变，那场政变导致了巴西历史上最残暴的军事独裁。此外，他还错误地声称这个独裁政权在巴西建立了民主，甚至认为它并不是真的独裁。2018 年，博索纳罗同匈牙利拥护独裁和种族主义的民粹领袖欧尔班 · 维克托举行会谈，称巴西人民根本不知独裁为何物，并暗示 1964 年至 1985 年间统治这个国家的军政府不能以这种方式归类。这一企图与典型的法西斯主义谎言——即法西斯独裁统治才是民主的真正形式——没什么不同。正如那些研究法西斯主义的历史学家揭穿了这些谎言，研究巴西独裁政权的历史学家给出了与博索纳罗相反的结论。根据巴西全国真相委员会的说法，博索纳罗想要纪念的巴西独裁统治造成了四百三十四名反对者的死亡和失踪，并屠杀了八千多名原住民。

博索纳罗不只是对巴西历史上的恶毒政权进行正常化，甚至称颂。他还大加赞扬了好几位独裁者，包括因多次侵犯人权而被捕的智利总统奥古斯托·皮诺切特，以及巴拉圭总统阿尔弗雷多·斯特罗斯纳，后者在掌权的三十五年中几乎一直将国家置于军事管制状态。通过宣称这些独裁者是他们国家的救世主，博索纳罗和特朗普等领导人用神话取代了历史。过去已经成为汉娜·阿伦特所说的谎言的编造与集权不可缺少的一部分。正如我在本章开头引用的，在阿伦特看来，当追随者成为这些谎言的信徒时，他们就无法将现实视为现实了。在这种情况下，政客们用“故意造假作为反对真相的武器”。[16]正如历史学家露丝·本–吉亚特在谈到特朗普与过去威权国家的宣传机器之间的深层联系时所说的，“自上任以来，特朗普建立了一个信息装置，将他和他的支持者说成是真理唯一的仲裁者，而在批评者身上贴上充满派性的谎言供应商的标签”。[17]在这个修正主义的世界里，最不理智、弥赛亚的和偏执的观点被伪装成历史。

和特朗普一样，博索纳罗的风格和实质浸淫于政治暴力、民族沙文主义和个人美化，具有法西斯主义的基本特征。但正是他对历史的操纵，真正揭示了博索纳罗政权如何将民粹主义与法西斯主义联系在一起。他毫不掩饰地把历史当作单纯的宣传工具。他决定庆祝 1964 年政变的做法让人想起希特勒和墨索里尼等典型的法西斯主义者，他们在被推选和任命为联合政府的领导人后，从内部摧毁了民主。作为统治者，他们创造了一个神话式的过去，将自己确定为皇帝和英雄的后继者。博索纳罗或许没有墨索里尼和希特勒那么气魄宏大，他的目标是将自己的统治与拉美过去的独裁者的统治联系起来。如果说法西斯领袖创造了一个法西斯主义神话，将他们确立为一个虚构的黄金时代的活的化身，那么，博索纳罗则发明了一个拉丁美洲独裁统治的神话时代，并试图将其人格化。目前还不清楚博索纳罗在从民粹主义到法西斯主义的道路上会走多远。像博索纳罗这样的右翼民粹主义者，并不会将他们关于法西斯主义和独裁统治记忆的激进言论和颂扬，自动转化为法西斯主义或独裁统治的实践。当然，像博索纳罗、欧尔班、特朗普和意大利的马泰奥·萨尔维尼这样的民粹主义者实行的是歧视、暴力和加剧不平等的政策。但到目前为止，他们的做法并没有完全破坏民主。他们最反民主的举动都是象征性的。对政敌的攻击一般没有——到目前为止——超出文斗的范围。法西斯主义与民粹主义之间的区别就在于此。民粹主义领袖偏爱暴力言论，在有关自己和敌人的事情上撒谎，但不会以暴力行动作为支持。正如 1945 年法西斯主义垮台后第一位上台的民粹主义者胡安·庇隆将军所说，他是一头“食草的狮子”。[18]

博索纳罗也是这种爱好和平的狮子，只会咆哮但不食肉？特朗普也是这样吗？还是说他们才是真正的法西斯主义狮子？特朗普发推特称赞墨索里尼的一个说法：“宁可做一天狮子，也不要做一百年绵羊。”与此类似，戈培尔把希特勒描绘成一头“咆哮着的巨大的狮子”。狮子这个形象意味着，无论在内战还是在国与国的战争中，战斗和杀戮都是政治的关键，是不可避免的方面。这些关于暴力和战争的观念，跟这些领袖要求其追随者的宗教信仰密切相关，他们用基督教文本和礼拜仪式中的符号和语言把自己呈现为现代救世主。正因如此，他们迫害起人来有恃无恐。

通过强化他想要建立的救世主或殉道者形象，特朗普将自己呈现为史上受到最多迫害的领导人，乐于一有机会就抱怨任何对他所谓罪行的调查都是“猎巫”或骚扰。2019 年，在国会弹劾调查的背景下，特朗普在推特上为一位牧师的言论点赞，这位牧师警告说：“如果民主党成功罢免总统（不过他们永远不会得逞），这将导致这个国家出现内战一般永远无法愈合的裂痕。”[19] 这位特朗普主义牧师的启示录式观点，在特朗普最狂热的追随者中得到了广泛认同。对领袖“真理”的迷恋似乎是如此牢固，以至于超越了伦理和常识，并为他极其讨厌和明显非法的行为辩护。就像特朗普和他的法西斯主义先辈，博索纳罗将内战视为一种政治理想。[20] 既然政治是神圣真理与邪恶敌人的谎言之间的一场孤注一掷的仿宗教战争的场所，这也就解释了政治暴力为何比领袖的败选更可取。当墨索里尼表示“法西斯主义坚信英雄主义的神圣性”，博索纳罗的追随者则真心实意地称他为“神话”，认为他是一位史诗级的英雄，是捍卫爱国主义和家庭价值观的基督教战士，需要毫不怀疑地信任他。在 2018 年赢得大选后，博索纳罗对巴西人说：

“我们需要习惯与真理生活在一起。没有其他办法。感谢上帝，让巴西人民明白了这个真理。”他完全认同这个先验的真理，因为他要去完成“上帝的使命”。[21] 博索纳罗显然介于法西斯主义独裁与民粹主义民主形式之间。当他想颂扬独裁统治、粉饰纳粹主义的历史时，他看起来一点也不像庇隆这种典型的民粹主义者，而更像希特勒和墨索里尼。当特朗普称赞射杀移民的呼吁，或者针对西班牙裔、穆斯林和其他少数族裔采取一系列种族主义言行时，类似的说法同样适用。

所有这些事例的背景都是一种深嵌于漫长的法西斯主义谎言史中的真理概念。例如，特朗普认为的真理只是一个谎言。由于这种拒绝接受现实的态度，他和其他许多领导人都被误认为是疯子。[22] 谴责这样的领导人是疯子并不新鲜。民粹主义和法西斯主义领袖经常被人称作疯子。但这种观点并没有准确地诊断形势，而是反映了反对派在面对一种颠倒了真理与谎言的不寻常的政治形式时的困惑——这种困惑在历史上导致了人们对威权主义及其褊狭行径的无所作为。

阿道夫·希特勒被他的许多反对者视为一个疯狂的骗子。这种观念上的懒惰，在大屠杀时期被许多反法西斯主义者所延续，促成了纳粹的成功。通过把希特勒贬斥为一个可悲又冲动的江湖郎中，他们可以无视他无情地策划了战争和种族灭绝，同时在德国民众中间制造广泛的共识。由于希特勒创造了新的现实，他让这个世界看起来越来越像他所说的谎言。

更概括地说，把这些领袖说成是可笑的骗子，只是停留于他们的风格，而未深入他们所传达的暴力和种族主义意识形态内容，事实证明，这种想法分散了人们对他们的行为和政治观点所造成的真正后果的注意力。这种将法西斯主义领袖视为精神错乱的误解，也错误地起到了将“不正常”的领导人与他们那些看起来糊涂，实则心智正常的追随者区分开来的作用。而且它将政治意识形态，包括种族主义、反犹太主义以及法西斯主义的谎言从政治分析中剥离出来，导致无法对这些领袖的实际行为提出明确而有效的反对。

这种倾向于用精神疾病或精神失常来解释这些领导人的谎言和行为的做法，加深了人们对其成功原因的普遍误解：一种自恋狂的驱动力将其确立为神一般的天才人物，确立为人民的绝对心声，比人民更清楚人民真正想要什么。他们拥有“真理”，无需佐证和经验证明的真理。[23]

把非理性的领导人说成疯子或骗子，或者两者兼而有之的做法很容易在政治上得分。但从长远来看，如果把目光仅仅聚焦在臆想狂领袖的精神错乱，而非他和他的追随者的神话意识形态，就会掩盖关于其领导力的最重要的事实：他们关于世界的、根本上是威权主义的谎言和种族主义的幻想不断被正常化，并得到广大人民和主要政党人物的支持。特朗普假定他的许多追随者和他有同样的种族主义信仰，即都认为海地和非洲国家是“粪坑国家”，他这么想可能是正确的。[24] 虽然特朗普主义确实有不宽容和反民主的关键一面，但这并不新鲜，也没有什么病态的地方。从胡安·庇隆到西尔维奥·贝卢斯科尼，以及他们之前的希特勒和墨索里尼等法西斯领袖，民粹主义者的掌权史充满了自我吹嘘和制造神话的倾向——这些倾向得到了其政党和追随者的全力支持，有时甚至是由他们发起的。

轻蔑而简单地解释威权主义骗子及其轻信者的愚蠢，实际上等于几乎什么也没说。这样的解释毋宁是拒绝理解我们可能不喜欢的东西的表现：真理化身为神话导致了真理的消亡。特朗普是一个极端的民粹主义者，有着仇外的反平等主义议程。对民主生活的现在和未来而言，有计划的政治和在选举中战胜他，比评估他的精神状态或把他定型为骗子更重要。他说谎不是因为他是一个疯狂的骗子；他说谎是因为他属于一种政治传统，这种传统提出了另一种真理的概念，这种真理源自领袖神圣的绝对正确。白宫出现的种族主义和厌女症是政治性的，它们试图改变现实，使之更接近于幻想。这一点不容忽视。

此外，我们还应该自问，为什么对威权民粹主义者的批判往往停留于简单地使用形容词，甚至侮辱的层面。将特朗普非正常化会让美国的其他景观正常化，就好像特朗普只是多元、平等和尊重历史真相的无瑕历史中的一段插曲。美国的情况从来不是这样，世界其他地方也不是这样。事实上，冷战期间出现的美国的极右翼民粹主义形式（麦卡锡主义以及后来巴里 · 戈德华特和乔治 · 华莱士被提名为总统候选人）是理解特朗普的思想压制、种族主义谎言和威权主义风格的吸引力的关键前提。

在全球范围内，与特朗普属于同一神话制造史的，还有战后初期阿根廷的胡安·庇隆和巴西的热图利奥·巴尔加斯等民粹主义和法西斯主义领袖，以及最近委内瑞拉的乌戈·查韦斯和尼古拉斯·马杜罗。作为当权的现代民粹主义，特朗普主义代表了一种后法西斯主义的极端形式，一种反自由的、往往是反宪法的威权民主，而且有着自身的政治理由。这是一种带有神话真理观的政治形态。同法西斯主义者一样，民粹主义者用关于光荣的过去的虚假观念来取代历史真相，这一过去是他们的领袖承诺要复兴的。在此背景中，我们可以理解“让美国再次伟大”等表述在历史上是多么空洞。领袖让一个根本不存在的过去重现。这是法西斯主义编造真相的核心，也是现代右翼民粹主义的重要推动力。

博索纳罗、特朗普和欧尔班等领导人的崛起是否会导致 21 世纪的法西斯主义，目前还不清楚。这样的政治转向可能（也希望）不会发生，但这些政客对日益极端的神话谎言的接受令人不安，对那些信奉民主的人来说，这应该是一个信号，即他们必须抵制反自由主义和新法西斯主义抬头的冲动，不仅是以投票和示威游行的方式，更重要的是捍卫历史。

致谢

这本小书是在许多国家进行多次谈话的结果。2013 年，我在马切拉塔大学的系列讲座中首次提出本书的主要论点，之后的多年我辗转三大洲，对其进行了阐述。我想感谢那所可爱的意大利大学和我在纽约新学院的学生。

我还要感谢 Amy Allen, Ben Brower, Amy Chazkel, Valeria Galimi, Luis Herrán Ávila, Aaron Jakes, Andrea Mammone, Nara Milanich, Pablo Piccato, Caterina Pizzigoni, and Angelo Ventrone，他们对本书的不同部分提供了意见和建议。

我还想感谢 Giulia Albanese, Melissa Amezcua, Andrew Arato, Borja Bauzá, Chiara Bottici, Richard

Bernstein, Fabián Bosoer, Magdalena Broquetas, Antonio Costa Pinto, Donatella Di Cesare, Richard Evans, Oz Frankel, Maximiliamo Fuentes Codera, Fabio Gentile, Emmanuel Guerisoli, 已故的 Agnes Heller, Reto Hofmann, Andreas Kalyvas, Claudia Koonz, Daniel Kressel, Dominick LaCapra, Simon Levis Sullam, Sandra McGee Deutsch, David Motadel, Jose Moya, Julia Ott, Elias Palti, Raanan Rein, Sven Reichardt, Daniel Rodriguez, Gema Santamaria, Hector Raul Solis Gadea, Michael Steinberg, Ann Laura Stoler, Nathan Stoltzfus, Alberto Spektorowski, Enzo Traverso, Nadia Urbinati, Jeremy Varon 和 Nikolai Wehrs。

感谢我在加州大学出版社的理想编辑 Kate Marshall。感谢加州大学出版社社长 Tim Sullivan，以及 Enrique Ochoa 和 Dore Brown，还有 Sheila Berg 明敏的文字编辑工作。

感谢我的父母 Norma 和 Jaime，我的兄弟姊妹 Inés 和 Diego。一如既往，最深切的感谢献给我的妻子 Laura 和我的女儿 Gabriela、Lucia。

注释

导论

本章的引语分别来自 Philip Bump, “A New Peak in Trump's Efforts to Foster Misinformation,” *Washington Post*, July 25, 2018; *Hitler: Speeches and Proclamations,* 1932–1945, ed. Max Domarus (London: Tauris, 1990), 2489; Benito Mussolini, *Opera omnia,* ed. Edoardo and Duilio Susmel (Florence:La Fenice, 1951–62), vol. 19, 114。

[1] Max Horkheimer, *Between Philosophy and Social Science* (Cambridge, MA: MIT Press, 1993), 278.

[2] 参见 Hannah Arendt, “Truth and Politics,” *New Yorker,* February 25, 1967; Alexandre Koyré, “The Political Function of the Modern Lie,” *Contemporary Jewish Record* 8 (1945): 290–300; Agnes Heller, *La verità in politica* (Rome: Castelvecchi, 2019); Jacques Derrida, *Historia de la mentira: Prolegómenos* (Buenos Aires: Universidad de Buenos Aires, Facultad de Filosofía y Letras, 1995)。亦参见 Martin Jay, *The Virtues of Mendacity: On Lying in Politics* (Charlottesville: University of Virginia Press, 2010); Timothy Snyder, *The Road to Unfreedom* (New York: Tim Duggan Books, 2018)。

[3] “In Texas Gunman’s Manifesto, an Echo of Trump’s Language,” *New York Times,* August 5, 2019.

[4] 参见 Jason Stanley, *How Fascism Works* (New York: Random House, 2018), 56。关于特朗普主义的语言与纳粹主义，参见 Michelle Moyd and Yuliya Komska, “Donald Trump Is Changing Our Language. We Need a Vocabulary of Resistance,” *The Guardian,* January 7, 2017。

[5] 参见拙文 “Why Far-Right Populists Are at War with History,” *Washington Post*, April 23, 2019; “Cuando el populismo potencia al fascismo,” *New York Times Es*, May 21, 2019; “Jair Bolsonaro’s Model Isn’t Berlusconi. It’s Goebbels,” *Foreign Policy,* October 5, 2018。

[6] Ishaan Tharoor, “Trump Goes Soft on Terrorism,” *Washington Post*, August 6, 2019.

[7] 参见拙作 *From Fascism to Populism in History* (Oakland: University of California Press, 2019) 的序言 , xvii–xix。

[8] 正如琼 · 瓦拉赫 · 斯科特所言，“特朗普以典型的煽动主义方式坚称，他的谎言是不言而喻的真相。他的追随者在这些谎言中发现了一些内在的、更深层的真相。而他从他们身上诱发出一种缺乏社会良知和社会责任的民粹主义能量”。Joan Wallach Scott, “Political Concepts: A Critical Lexicon,” www.politicalconcepts.org/trump-joanwallach-scott/#ref20.

[9] 参见 James Q. Whitman, *Hitler’s American Model: The United States and the Making of Nazi Race Law* (Princeton, NJ: Princeton University Press, 2017)。

[10] Jonathan Watts, “Amazon Deforestation: Bolsonaro Government Accused of Seeking to Sow Doubt over Data,” *The Guardian*, July 31, 2019; Ernesto Londoño, “Bolsonaro Fires Head of Agency Tracking Amazon Deforestation in Brazil,” *New York Times*, August 2, 2019. 之后在联合国，博索纳罗否认亚马孙深受他自己的行为（毋宁说是不作为）引发的大火影响。他好歹没有否认大火本身，不像特朗普为亚

拉巴马州发明了一场所谓的马克笔门飓风。

[11] 关于神话与法西斯主义，参见拙作 *El mito del fascismo: De Freud a Borges* (Buenos Aires: Capital Intelectual, 2015)。

第一章 论法西斯主义的谎言

本章引语来自豪尔赫·路易斯·博尔赫斯，"El hombre en elumbral," in *Obras completas* I (Barcelona: Emecé, 1996), 613。

[1] 希特勒和戈培尔都坚持宣传需要不断重复，但他们从未认为自己在撒谎。事实上相反，他们都相信自己是在以真理的名义说话。法西斯主义者通常会否认自己是什么，而将其特征和极权政治观点归于敌人。因此，戈培尔从未说过重复谎言是纳粹主义的核心，但他在 1941 年谈到“丘吉尔的谎言工厂”时确曾说过，“英国人的原则是，如果你要撒谎那就撒，最重要的是坚持你撒的谎”。1942 年，他在私人日记中写道：“宣传的本质是简明和重复。”参见 http://falschzitate.blogspot.com/2017/12/eine-lugemuss-nur-oft-genung-wiederholt.html。亦参见 Leonard W. Doob, “Goebbels’ Principles of Propaganda,” *Public Opinion Quarterly* 14, no. 3 (1950): 428; Joseph Goebbels, “Aus Churchills Lügenfabrik,” in *Die Zeit ohne Tagebucher von Joseph Goebbels,* Teil II, Band 3, *Januar-März* 1942 (Munich: Saur, 1994), 208–213。

[2] 参见 Peter Longerich, *Goebbels: A Biography*(New York: Random House, 2015), 70–71, ix。

[3] Ibid., 145, 696.

[4] 参见 Richard J. Evans, *The Coming of the Third Reich* (New York: Penguin Books, 2005), 397。

[5] Adolf Hitler, *Mein Kampf* (New York: Mariner, 1999), 232.

[6] Ernst Cassirer, *The Myth of the State* (New York: Doubleday, [1946] 1955), 354.

[7] Benito Mussolini, *Opera omnia,* ed. Edoardo and Duilio Susmel (Florence: La Fenice, 1951–62), vol. 13, 45; vol. 7, 98: vol. 34, 117, 126.

[8] Ibid., vol. 18, 457, 19, 49, 69.

[9] 参见 Benito Mussolini, *Scritti e discorsi di Benito Mussolini* (Milan: Hoepli, 1934), vol. 2, 345。

[10] 参见 Sophia Rosenfeld, *Democracy and Truth* (Philadelphia: University of Pennsylvania Press, 2019), 1。

[11] 参见 Robert Paxton, *The Anatomy of Fascism* (New York: Knopf, 2004), 16–17。

[12] 参见 Francisco Franco, *Palabras del caudillo:* 19 *abril* 1937–31 *de diciembre* 1938 (Barcelona: Ediciones Fe, 1939), 149, 161, 276, 278。

[13] 参见 Hannah Arendt, *Between Past and Future: Eight Exercises in Political Thought* (New York: Penguin, 2016), 228, 246, 249; 以及 *The Origins of Totalitarianism* (New York: Meridian, 1959), 350。

[14] 参见 Hannah Arendt, *Eichmann in Jerusalem* (New York: Viking Press, 1965), 52。

[15] 关于艾希曼审判和见证的历史，参见 Carolyn J. Dean, *The Moral Witness: Trials and Testimony after Genocide* (Ithaca, NY: Cornell University Press, 2019)。

[16] 参见 Arendt, *Eichmann in Jerusalem,* 252。

[17] 参见 Christopher R. Browning, *Collected Memories: Holocaust History and Postwar Testimony* (Madison: University of Wisconsin Press, 2003); David Cesarani, *Becoming Eichmann: Rethinking the Life, Crimes, and Trial of a "Desk Murderer"* (Cambridge, MA: Da Capo Press, 2006)。关于阿伦特与新兴的大屠杀史学相对立的情境化立场，参见拙文 "The Holocaust Canon: Rereading Raul Hilberg," *New German Critique* 96 (2006): 3–48。亦参见 Richard Bernstein, *Hannah Arendt and the Jewish Question* (Cambridge, MA: MIT Press, 1996); Dan Stone, *History, Memory and Mass Atrocity: Essays on the Holocaust and*

Genocide (London: Valentine Mitchell, 2006), 53–69。

[18] Borges, *Obras completas* I, 580.

[19] Arendt, *The Origins of Totalitarianism,* 474.

第二章 法西斯主义历史中的真理与神话

[1] Hannah Arendt, "The Seeds of a Fascist International," in *Essays in Understanding* 1930–1954, ed. Jerome Kohn (New York: Harcourt Brace, 1994), 147.

[2] 参见 Mabel Berezin, *Making the Fascist Self: The Political Culture of Interwar Italy* (Ithaca, NY: Cornell University Press, 1997), 198。

[3] Federico Finchelstein, *From Fascism to Populism in History* (Oakland: University of California Press, 2017), 15, 37, 39, 41.

[4] 参见 Jorge Luis Borges: "Thomas Carlyle," 35; "Thomas Carlyle: De los héroes," 37–41; 以及 "Definición del Germanófilo," in *Obras completas* IV (Barcelona: Emecé, 1996), 442; "Ensayo de imparcialidad," *Sur* 61 (October 1939), 27。

[5] 关于自由浪漫主义传统，参见 Pablo Piccato, *The Tyranny of Opinion* (Durham, NC: Duke University Press, 2010), 10–11。亦参见 Elías José Palti, *El momento romantico: Nación, historia y lenguajes politicos en la Argentina del siglo XIX* (Buenos Aires: Eudeba, 2009); Nadia Urbinati, *The Tyranny of the Moderns* (New Haven, CT: Yale University Press, 2015), 41, 55–56。

[6] 参见 José Enrique Rodó, *Ariel* (Montevideo: Biblioteca Artigas, 1964), vol. 44，尤其是第 18—20 页，以及关于自由主义的论述，如第 187—188 页。参见 Leopoldo Lugones, *Política revolucionaria* (Buenos Aires: Anaconda, 1931), 17–19 以及 12–13, 15, 24–25, 29, 38。亦参见 Lugones: *Estudios helénicos* (Buenos Aires: Biblioteca Argentina de Buenas Ediciones Literarias, 1923), 18–21; *Nuevos estudios helénicos*

(Buenos Aires: Babel, 1928), 23, 181。

[7] Max Horkheimer, *Between Philosophy and Social Science* (Cambridge, MA: MIT Press, 1993), 278.

[8] Ernst Cassirer, *The Myth of the State* (New York: Doubleday, [1946] 1955), 335.

[9] Theodor W. Adorno, "Freudian Theory and the Pattern of Fascist Propaganda" (1951), in *Gesammelte Schriften* (Frankfurt: Suhrkamp, 1990), vol. 8, 429.

[10] 参见 Hannah Arendt, *The Origins of Totalitarianism* (New York: Meridian, 1959), 382–387。

第三章 法西斯主义的化身

[1] Giuseppe Bottai, "L'equivoco antifascista," *Critica Fascista,* April 1, 1924, 30. 亦参见 "L'espansione del fascismo," *Universalita Fascista* (February 1932): 96。

[2] 参见 Benedetto Croce, *Scritti e discorsi politici,* 1943–1947 (Bari: Laterza, 1963), I, 7; II, 46, 357。亦参见 Renzo De Felice, *Interpretations of Fascism* (Cambridge, MA: Harvard University Press, 1977), 14–23; Pier Giorgio Zunino, *Interpretazione e memoria del fascismo: Gli anni del regime* (Rome: Laterza, 1991), 11–142。

[3] 参见 Dominick LaCapra, *History and Memory after Auschwitz* (Ithaca, NY: Cornell University Press, 1998), 104。

[4] Corneliu Zelea Codreanu, *Manual del jefe* (Munich: Europa, 2004), 5.

[5] 墨索里尼在 1929 年声称，"外国的观察家们注意到，意大利人说话少，不怎么需要管理，似乎受单一意志的支配：这是法西斯主义的政治，它教导人们按照超人哲学的格言变得伟大，即'一个人必须以长久地服从同一方向为乐'"。参见 "Parla il duce del fascismo," *Il Giornale*

d' Italia, September 15, 1929。

[6] “世界是我们的（可怕！），因为我们几乎是不知不觉地意识到世界的。” Camillo Pellizzi, “Imperialismo o aristocrazia?,” *Il Popolo d' Italia,* May 13, 1923. 亦参见 “Il comandamento del Duce,” *Il Popolo d' Italia,* October 2, 1923; Nino Fattovich, “Sacra religio patriae (Divagazioni sul fascismo),” *Il Popolo d' Italia,* January 3, 1925; Antonio Pirazzoli, “Mussolini e il fascismo visti da lontano,” *Il Popolo d' Italia,* March 15, 1925。

[7] 何塞 · 巴斯孔塞洛斯的话引自 Pablo Yankelevich, “El exilio argentino de José Vasconcelos,” *Revista Iberoamericana* 6, no. 24 (2006): 39。

[8] 关于法西斯主义和历史，参见 Claudio Fogu, *The Historic Imaginary: Politics of History in Fascist Italy* (Toronto: University of Toronto Press, 2003); Fernando Esposito and Sven Reichardt, “Revolution and Eternity: Introductory Remarks on Fascist Temporalities,” *Journal of Modern European History* 13 (2015): 24–43。

[9] Volt, “Antistoria,” *Critica Fascista,* January 15, 1927, 9–10.

[10] 法西斯知识分子 Ardengo Soffici 以法西斯主义的绝对来反对一群“以爱因斯坦为头目的德国犹太人”提出的相对论。参见 Ardengo Soffici, “Relativismo e politica,” *Gerarchia* (January 1922): 34–35。墨索里尼亦提出了类似的反对，参见 Sandra Linguerri and Raffaella Simili, eds., *Einstein parla italiano: Itinerari e polemiche* (Bologna: Pendragon, 2008), 31。

[11] 参见 Tirso Molinari Morales, *El fascismo en el Peru* (Lima: Fondo Editorial de la Facultad de Ciencias Sociales, 2006), 186。

[12] 参见 Markus Daechsel 颇具洞见的分析，“Scientism and Its Discontents: The Indo-Muslim ‘Fascism’ of Inayatullah Khan al-Mashriqi,” *Modern Intellectual History* 3, no. 3 (2006): 462, 463。

[13] 参见 James P. Jankowski, “The Egyptian Blue Shirts and the Egyptian Wafd, 1935–1938,” *Middle Eastern Studies* 6, no. 1 (January 1970): 87;

Reto Hofmann, *The Fascist Effect: Japan and Italy,* 1915–1952 (Ithaca, NY: Cornell University Press, 2015), 81–83。

[14] 参见 Hofmann, *The Fascist Effect,* 86; 亦参见 Harry Harootunian 关于 Herbert P. Bix 的 *Hirohito Redux—Hirohito and the Making of Modern Japan* 的书评，*Critical Asian Studies* 33, no. 4 (2001): 609–636。

[15] 参见 Israel Gershoni and James Jankowski, *Confronting Fascism in Egypt: Dictatorship versus Democracy in the* 1930*s* (Stanford, CA: Stanford University Press, 2009), 236。

第四章　真理的敌人?

[1] Adolf Hitler, *Mein Kampf* (New York: Mariner, 1999), 65. 强调为原文所加。

[2] José Vasconcelos, "Contra los planes ocultos, la luz de la verdad," *Timón,* no. 13 (1940). 转载于 Itzhak M. Bar-Lewaw, ed., *La Revista "Timón" y José Vasconcelos* (Mexico City: Edimex, 1971), 143–144。

[3] Pablo Yankelevich, "El exilio argentino de José Vasconcelos," *Revista Iberoamericana* 6, no. 24 (2006): 37. 关于巴斯孔塞洛斯，亦参见 Claude Fell, *José Vasconcelos: Los años del águila (*1920–1925*)* (Mexico City: Universidad Nacional Autónoma de México, 1989)。关于墨西哥法西斯主义，亦参见 Jean Meyer, *El sinarquismo: ¿Un fascismo mexicano?* 1937–1947 (Mexico City: Joaquín Mortiz, 1979)。

[4] 参见 Fernando de Euzcadi, "Judaismo vs. Catolicismo," *Timón,* no. 12 (1940)。转载于 Bar-Lewaw, *La Revista "Timón" y José Vasconcelos,* 222–225。

[5] Hitler, *Mein Kampf,* 318, 324.

[6] 关于阿根廷的教权法西斯主义，参见拙作 *Transatlantic Fascism: Ideology, Violence, and the Sacred in Argentina and Italy,* 1919–1945 (Durham, NC: Duke University Press, 2010)。

[7] Julio Meinvielle, *El judio* (Buenos Aires: Antídoto, 1936), 11; Virgilio

Filippo, *Los judíos: Juicio historico cientifico que el autor no pudo transmitir por L. R. S Radio Paris* (Buenos Aires: Tor, 1939), 111.

[8] Virgilio Filippo, *Conferencias radiotelefonicas* (Buenos Aires: Tor, 1936), 215. George L. Mosse 和 Sander Gilman 等人已对这些欧洲刻板印象进行分析。参见 George L. Mosse, *Nationalism and Sexuality* (New York: Howard Fertig, 1985); George L. Mosse, *The Image of Man: The Creation of Modern Masculinity* (Oxford: Oxford University Press, 1996); Sander Gilman, *The Jew's Body* (New York: Routledge, 1991)。

[9] 参见 Simon Levis Sullam, *L'archivio antiebraico: Il linguaggio dell' antisemitismo moderno* (Rome: Laterza, 2008)。关于作为文化符码的反犹太主义，参见 Shulamit Volkov, "Anti-Semitism as a Cultural Code: Reflections on the History and Historiography of Anti-Semitism in Imperial Germany," *Yearbook of the Leo Baeck Institute* 23 (1978): 25–46。关于反犹太主义，亦参见 Paul Hanebrink, *A Specter Haunting Europe: The Myth of Judeo-Bolshevism* (Cambridge, MA: Harvard University Press, 2018)。关于反犹太教，参见 David Nirenberg, *Anti-Judaism: The Western Tradition* (New York: Norton, 2013)。

[10] 参见 "Los judíos en la República Argentina: Breve reseña de las sucesivas invasiones," *Acción Antijudía Argentina* 13 (1939): 1; Virgilio Filippo, *¿Quiénes tienen las manos limpias? Estudios sociológicos* (Buenos Aires: Tor, 1939), 127。

[11] Filippo, *Los judíos,* 44–45, 49.

[12] 正如研究反犹太主义的历史学家 Michele Battini 解释的，"反犹太主义宣传陈述从未发生过的事实，伪造贬损事实的证据，但它在自己的迫害意图上说的是真话，因为宣传者确信自己能够欺骗公众舆论，甚至是那些不相信宣传的人"。区分真假的权力留给了那些既能明目张胆地撒谎，又能明确揭示自己的破坏意图的人。Michele Battini, *Socialism of Fools: Capitalism and Modern Anti-Semitism* (New York: Columbia University Press, 2016), 9.

[13] 参见 Valeria Galimi, *Sotto gli occhi di tutti: La società italiana e le persecuzioni*

contro gli ebrei (Florence: Le Monnier, 2018)。

[14] 参见 Bruno Jacovella, “El judío es el enemigo del pueblo cristiano,” *Crisol,* October 13, 1936; *Clarinada* (June 1942): 31。

[15] Theodor W. Adorno, *Minima Moralia* (New York: Verso, 2005), 108.

[16] Enzo Traverso, *The Origins of Nazi Violence* (New York: New Press, 2003), xx.

[17] 所有这些引用，参见拙作 *From Fascism to Populism in History* (Oakland: University of California Press, 2017), 73–81。

[18] Jorge González von Marées, *El mal de Chile (sus causas y sus remedios)* (Santiago: Talleres gráficos “Portales,” 1940), 53.

[19] Corneliu Zelea Codreanu, *Manual del jefe* (Munich: Europa, 2004), 130–131.

第五章 真理与权力

[1] “我们作为一个大国的自豪感和安全感。当其他国家陷入种种不确定性时，我们拥有坚固的政权……领袖看到、预见和给予，他的话语准确而有力，并且总是对的。” Archivo del Ministerio de Relaciones Exteriores y Culto, Argentina, División Política, Caja 2386, Italia, Exp. 1, Año 1933, n. 39, R.E. 1/33, *Giornale d'Italia*, March 11, 1933; “墨索里尼永远是对的”, *Universalità Fascista* (July–August 1939): 423; “墨索里尼是党的独裁者”, *Critica Fascista*, September 15, 1926, 344。

[2] “Nuestras lecturas,” *El Fascio* (Madrid), March 16, 1933, 13.

[3] 参见拙作 *El mito del fascismo: De Freud a Borges* (Buenos Aires: Capital Intelectual, 2015)。

[4] 参见 Theodor W. Adorno, “Freudian Theory and the Pattern of Fascist Propaganda” (1951), in *Gesammelte Schriften* (Frankfurt: Suhrkamp, 1990), vol. 8, 408–433; Sigmund Freud, *Group Psychology and the*

Analysis of the Ego (London: Hogarth Press, 1940), 115。

[5] Finchelstein, *El mito del fascismo,* 43–77.

[6] Hannah Arendt, *The Origins of Totalitarianism* (New York: Meridian, 1959), 349.

[7] 参见 Alfredo Rocco, “Per la cooperazione intellettuale dei popoli,” *Critica Fascista,* March 1, 1926, 52。亦参见意大利罗马的中央国家档案馆，MRF B 58 F 129 “CANZONI FASCISTE,” Cart. 1, “Per te, o Mussolini!”; Cart. 3, “Saluto al Duce”；以及在同一档案夹中但未列入文件夹中的“Inno al fondatore dell’ impero”；Arturo Foà, “Fascismo e classicismo,” *Il Popolo d’Italia,* May 18, 1928; Giuseppe Bottai, “Ritratto di Demostene,” *Critica Fascista,* March 1, 1926, 53。至于阿根廷法西斯主义中的英雄主义和真理概念，参见 Federico Ibarguren, *Rosas y la tradición hispanoamericana* (Buenos Aires: n.p., 1942), 4。至于希特勒，参见以下代表性的思考，如阿根廷法西斯分子 Julio Irazusta, “La personalidad de Hitler,” *Nuevo Orden,* May 14, 1941; 西班牙法西斯分子 Ramón Serrano Suñer, 见阿根廷外交和宗教事务部档案馆，División Política, mueble 7, casilla 22, *Guerra Europea,* exp. 258, año 1940；以及阿根廷外交和宗教事务部档案馆，Caja 14, España, exp. 1, 1945。

[8] Adolf Hitler, *Speeches and Proclamations,* 1932–1945, ed. Max Domarus (London: Tauris, 1990), vol. 1, 420.

[9] Ernesto Giménez Caballero, *La nueva catolicidad: Teoria general sobre el fascismo en Europa* (Madrid: La Gazeta Literaria, 1933), 128–129, 131–132.

[10] 参见 Leopoldo Lugones, “El único candidato,” in *Escritos políticos,* ed. María Pía López and Guillermo Korn (Buenos Aires: Losada, 2011), 320。关于法西斯主义者认为自由主义提供的东西是半真半假的，甚至是谎言，参见 José María Pemán, “Perfiles de la nueva barbarie,” *Acción Española,* January 1, 1932, 131–141。

[11] José Millán Astray, *Franco el caudillo* (Salamanca: M. Quero y Simón

Editor, 1939), 引自 Antonio Cazorla, *Franco, biografia del mito* (Madrid: Alianza, 2015), 105。关于其他西班牙法西斯分子的领袖神话，参见 Joan Maria Thomàs, *José Antonio Primo de Rivera: The Reality and Myth of a Spanish Fascist Leader* (New York: Berghahn Books, 2019)。

[12] Corneliu Zelea Codreanu, *Manual del jefe* (Munich: Europa, 2004), 182.

[13] Jacques Derrida, *Historia de la mentira: Prolegómenos* (Buenos Aires: Universidad de Buenos Aires, Facultad de Filosofía y Letras Press, 1995), 36, 38, 43.

[14] Dominick LaCapra, *Writing History, Writing Trauma* (Baltimore: Johns Hopkins University Press, 2001), 49–50.

[15] 参见 Hans Blumenberg, *The Legitimacy of the Modern Age* (Cambridge, MA: MIT Press, 1983); Derrida, *Historia de la mentira,* 25。

[16] 关于纳粹救赎的反犹太主义，参见 Saul Friedlander, *Nazi Germany and the Jews: The Tears of Persecution, 1933–1939* (New York: HarperCollins, 1997); Enzo Traverso, *The Origins of Nazi Violence* (New York: New Press, 2003)。关于法西斯主义与政治宗教，参见 Emilio Gentile, *Le religioni della politica: Fra democrazie e totalitarismi* (Rome: Laterza, 2001)。关于海德格尔、纳粹主义与反犹太主义，参见 Donatella Di Cesare, *Heidegger and the Jews: The Black Notebooks* (Cambridge: Polity, 2018)。

[17] Ramiro de Maeztu, "¿No hay hombres?," *A B C,* March 26, 1936.

[18] 他们宣称德马埃斯图已"为真理献身"。参见"Vox clamantis in deserto," *Acción Española* (March 1937): 6–7。亦参见"Tre Gennaio," *Augustea* (1943): 35。

[19] 参见 Lloyd E. Eastman, "Fascism in Kuomintang China: The Blue Shirts," *China Quarterly,* no. 49 (January–March 1972): 9。关于中国的法西斯主义，亦参见 Maggie Clinton, *Revolutionary Nativism: Fascism and Culture, 1925–1937* (Durham, NC: Duke University Press, 2017); Brian Tsui, *China's Conservative Revolution: The Quest for a New Order,*

1927–1949 (Cambridge: Cambridge University Press, 2018)。

[20] Alfred Rosenberg, *The Myth of the Twentieth Century* (Torrance, CA: Noontide Press, 1982), 61–62.

[21] Kevin Passmore, *Fascism: A Very Short Introduction* (Oxford: Oxford Univeristy Press, 2014), 86. 关于罗马尼亚的法西斯主义，参见 Constantin Iordachi, "God's Chosen Warriors: Romantic Palingenesis, Militarism and Fascism in Modern Romania," in *Comparative Fascist Studies: New Perspectives,* ed. Constantin Iordachi (London: Routledge, 2009), 316–357。

[22] Julius Evola, *Il mito del sangue* (Milan: Hoepli, 1937). 关于意大利的反犹太主义，参见 Simon Levis Sullam, *The Italian Executioners: The Genocide of the Jews of Italy* (Princeton, NJ: Princeton University Press, 2018); Valeria Galimi, *Sotto gli occhi di tutti* (Florence: Le Monnier, 2018); Marie Anne Matard-Bonucci, *L'Italia fascista e lapersecuzione degli ebrei* (Bologna: Il Mulino, 2008)。

[23] 参见 Carl Schmitt, "El fuhrer defiende el derecho" (1934), in *Carl Schmitt, teólogo de la política,* ed. Héctor Orestes Aguilar (Mexico City: Fondo de Cultura Económica, 2001), 114–118。

[24] Ibid.; 亦参见 Ingo Müller, *Hitler's Justice: The Courts of the Third Reich* (Cambridge, MA: Harvard University Press, 1991), 70–79。关于施米特对法西斯主义的接受，参见 Jean Cohen 和 Andrew Arato 令人信服的论证 , *Civil Society and Political Theory* (Cambridge, MA: MIT Press, 1992), 240。关于当代研究施米特的必要，参见 Andreas Kalyvas, *Democracy and the Politics of the Extraordinary: Max Weber, Carl Schmitt, and Hannah Arendt* (Cambridge: Cambridge University Press, 2008), esp. 80–67［原书如此］。Nadia Urbinati 已有力地指出施米特参与了一个悠久的反民主传统，这个传统将民主视为对真理的操纵。参见 Nadia Urbinati, *Democracy Disfigured: Opinion, Truth, and the People* (Cambridge, MA: Harvard University Press, 2014), 88。

[25] Antonio Gramsci, *Gli intellettuali* (Rome: Editori Riuniti, 1979), 93.

[26] Hans Frank, 引自 Hannah Arendt, *Eichmann in Jerusalem* (New York: Viking Press, 1965), 136。阿伦特对这一命令在艾希曼那里的体现的解释，见第 137、148—149 页。

[27] Gustavo Barroso, *Reflexões de um bode* (Rio de Janeiro: Gráf. Educadora Limitada, 1937), 169, 177–178.

[28] Plínio Salgado, *Palavra nova dos tempos novos* (Rio de Janeiro: Olympio, 1936), 114–115. 关于萨尔加多与巴西法西斯主义，参见 Leandro Pereira Gonçalves, *Plinio Salgado: Um Católico integralista entre Portugal e o Brasil (*1895–1975*)* (Rio de Janeiro: FGV Editora, 2018)。

[29] Silvio Villegas, *No hay enemigos a la derecha* (Manizales: Arturo Zapata, 1937), 43, 46, 50, 57, 78. 亦 参 见 Leopoldo Lugones, "Una página de estética," *Repertorio Americano,* October 27, 1924, 113–115。

[30] Salgado, *Palavra nova dos tempos novos,* 114–115. 亦参见 Plínio Salgado, *O doutrina do sigma* (Rio de Janeiro: Schmidt, 1937), 168。

第六章　启　示

[1] "Il convegno di mistica fascista," *Il Legionario,* March 1, 1940, 4–5.

[2] Ivan, "Tra i libri," *Gerarchia* (August 1939). 亦参见 Titta Madia, " 'Duce' Biografia della parola," *Gerarchia* (1937): 382。正如法西斯分子 Telesio Interlandi 在私信中告诉墨索里尼的，领袖的话无法通过阅读来真正地理解，因为它们超越了显白的意义。参见 Telesio Interlandi 写给墨索里尼的信，意大利罗马中央国家档案馆，Ministero della Cultura Popolare, D. G. Serv. Propaganda, Gabinetto B. 43 260.2 (1941)。

[3] Curzio Malaparte, "Botta e risposta," *Critica Fascista,* November 15, 1926, 419–420.

[4] 意大利罗马中央国家档案馆，MRF B 58 F 129 "CANZONI FASCISTE," Cart. 1, "Dux" and "L' Aquila legionaria"。

[5] Federico Forni, "Appunti sulla dottrina," *Gerarchia* (1939): 459–460. 关于此，亦参见西班牙法西斯分子 Víctor Pradera, "Los falsos dogmas," *Acción Española* (1932): 113–122。

[6] Alfred Rosenberg, *The Myth of the Twentieth Century* (Torrance, CA: Noontide Press, 1982), 432.

[7] Plínio Salgado, *Palavra nova dos tempos novos* (Rio de Janeiro: Olympio, 1936), 115. 亦参见 Plínio Salgado, *O doutrina do sigma* (Rio de Janeiro: Schmidt, 1937), 168。

[8] 参见 Partito Nazionale Fascista, *Foglio d' Ordini,* no. 147, November 18, 1935, 意大利罗马中央国家档案馆，Archivi Fascisti, Segreteria Particolare del Duce, Cart. riservato, B 31 F Gran Consiglio SF 13 1935。关于正义与战斗，亦参见 Angelo Tarchi, "Perché combattiamo," *Repubblica Sociale* (1945): 4, 11; and *La Verità* (Venice: Erre, 1944), 19, 25。

[9] Alexandre Koyré, "The Political Function of the Modern Lie," *Contemporary Jewish Record* 8 (1945): 290–300. 亦参见 Jacques Derrida, *Historia de la mentira: Prolegómenos* (Buenos Aires: Universidad de Buenos Aires, Facultad de Filosofía y Letras Press, 1995), 43, 47–48; and Hannah Arendt, "Truth and Politics," *New Yorker,* February 25, 1967。

[10] Leopoldo Lugones, "Rehallazgo del país," *La Nación,* November 8, 1936.

[11] 参见 Ramiro de Maeztu, "El valor de la Hispanidad," *Acción Española* (1932): 561–571; and "El valor de la Hispanidad II," *Acción Española* (1932): 1–11。

[12] Gustavo Barroso, *O integralismo e o mundo* (Rio de Janeiro: Civilização Brasileira, 1936), 16–17.

[13] Ibid., 145.

[14] Salgado, *Palavra nova dos tempos novos,* 116–117.

[15] Ibid.

[16] Corneliu Zelea Codreanu, *Manual del jefe* (Munich: Europa, 2004), 151–152.

[17] Sir Oswald Mosley, 10 *Points of Fascism* (London: B.U.F., 1933), 2–3.

[18] 德里达有力地批评了这一观念，即真理可以在政治中拥有，但阿伦特和柯瓦雷似乎都坚持其见解的非政治性。关于对阿伦特的趋同性批评，参见 Ágnes Heller, *Solo se sono libera* (Rome: Castelvecchi, 2014), 16。

[19] 参见 Jorge Luis Borges, "De la dirección de Proa," in Jorge Luis Borges, *Textos recobrados* (1931–1955) (Barcelona: Emecé, 1997), vol. 1, 207–208; Federico Finchelstein, *El mito del fascismo: De Freud a Borges* (Buenos Aires: Capital Intelectual, 2015)。

[20] 参见 Jorge Luis Borges, "El propósito de Zarathustra," in Borges, *Textos recobrados,* vol. 2, 211–218; *The Diary of Sigmund Freud,* 1929–1939, ed. Michael Molnar (New York: Maxwell Macmillan, 1992), 149。

[21] 参见 Omero Valle, "Dell' intelligenza fascista," *Gerarchia* (1939): 703。

[22] 参见 Italo Calvino, "Il Duce' s Portraits," *New Yorker,* January 6, 2003。

[23] José Carlos Mariátegui, *Obra política* (Mexico City: Era, 1979), 122, 124, 137.

[24] Theodor W. Adorno, "Anti-Semitism and Fascist Propaganda" (1946), in *Gesammelte Schriften* (Frankfurt: Suhrkamp, 1990), vol. 8, 398, 403.

[25] 参见意大利罗马中央国家档案馆，Archivi Fascisti, Segreteria Particolare del Duce, Carteggio riservato, B1 F 2 SF 9 GENTILE GIOVANNI; Giovanni Gentile, "La legge del gran consiglio," *Educazione Fascista* (September 1928)。亦参见 Luigi Chiarini, "Coscienza imperiale," *Critica Fascista,* June 15, 1928, 235; Enzo Capaldo, "Attualità della vigilia nella formazione della coscienza fascista," *Critica Fascista,* January 1, 1934, 20。

第七章 法西斯主义的无意识

[1] A. M., "I segni del tempo," *Il Popolo d' Italia,* January 1, 1928. 亦参见 "Senso dell' eterno in Mussolini," *La Repubblica Fascista,* December 22,

1944, 1。

[2] Adolf Hitler, *Mein Kampf* (Boston: Mariner, 2001), 510.

[3] Ibid., 509–512.

[4] Zeev Sternhell, *The Anti-Enlightenment Tradition* (New Haven, CT: Yale University Press, 2010), 318, 328–329.

[5] Michele Bianchi, "Il concetto di rappresentanza nello Stato fascista," *Il Giornale d'Italia,* November 27, 1929, 1.

[6] Edgardo Sulis, ed., *Mussolini contro il mito di demos* (Milan: Hoepli, 1942), 71–72. 亦参见 Gustavo Barroso, "Procurador dos descaminhos, "*A Offensiva,* April 13, 1935; 英国法西斯领袖奥斯瓦尔德·莫斯利爵士, *Fascism:* 100 *Questions Asked and Answered* (London: B.U.F., 1936), 15。关于主权概念的历史，参见 Dieter Grimm, *Sovereignty: The Origins and Future of a Political and Legal Concept* (New York: Columbia University Press, 2015)。

[7] 参见 Benito Mussolini, *Scritti e discorsi di Benito Mussolini* (Milan: Hoepli, 1934), vol. 3, 108; Simonetta Falasca-Zamponi, *Fascist Spectacle: The Aesthetics of Power in Mussolini's Italy* (Berkeley: University of California Press, 1997), 258。

[8] Plínio Salgado, *A doutrina do sigma* (Rio de Janeiro: Schmidt, 1937), 21; Alfonso de Laferrere, *Literatura y politica* (Buenos Aires: Manuel Gleizer, 1928), 128; Silvio Villegas, *No hay enemigos a la derecha* (Manizales: Arturo Zapata, 1937), 224. 关于墨索里尼和索雷尔，参见 Falasca-Zamponi, *Fascist Spectacle,* 213; Emil Ludwig, *Colloqui con Mussolini* (Milan: Mondadori, 1932), 124; Benito Mussolini, *Opera omnia,* ed. Edoardo and Duilio Susmel (Florence: La Fenice, 1951–62), vol. 20, 123。关于纳粹主义和道德重生，参见 Claudia Koonz, *The Nazi Conscience* (Cambride, MA: Belknap Press of Harvard University Press, 2003), 31, 33, 75。

[9] 参见 Mussolini, *Scritti e discorsi di Benito Mussolini,* vol. 5, 322。

[10] Roberto Pavese, "Filosofia e religione nel momento presente," *Gerarchia* (November (1936): 761. 亦参见 Cesare Colliva, "Impero fascista," *Meridiani* (March–April 1936)。

[11] 参见 Camillo Pellizzi, "Pensiero fascista," *Il Popolo d' Italia,* April 5, 1925。亦参见 Alessandro Pavolini, "La funzione del partito," *Critica Fascista,* July 1, 1926, 171。

[12] 参见 "Il messaggio del Duce," *Il Giornale d' Italia,* October 27, 1935; Mussolini, *Opera omnia,* vol. 32, 105; Sulis, *Mussolini contro il mito di demos,* 49。亦参见 Francesco Maria Barracu, *La voce della patria* (Venice: Erre, 1944), 15, 18。关于歌曲 "Inno a Mussolini" 和 "Inno dedicato agli Eroi della Rivoluzione Fascista"，参见意大利罗马中央国家档案馆 , MRF B 58 F 129 "CANZONI FASCISTE," Cart. 1 and Cart. 3。

[13] Camillo Pellizzi, "Educazione fascista," *Il Popolo d' Italia,* February 10, 1928.

[14] Volt, "L' imperialismo economico," *Il Popolo d' Italia,* 1923. 亦参见 Nardo Naldoni, "La guerra," *Meridiani* (June 1936): 2.3。

[15] 参见拙文 "On Fascist Ideology," *Constellations* 15 (2008): 320–331。关于法西斯主义，亦参见如下重要著作：Zeev Sternhell, *Ni droite ni gauche: L' idéologie fasciste en France* (Paris: Gallimard, 2012); Ruth Ben-Ghiat, *Fascist Modernities* (Berkeley: University of California Press, 2001); Geoff Eley, *Nazism as Fascism: Violence, Ideology and the Ground of Consent in Germany* (London: Routledge, 2013); António Costa Pinto, *The Nature of Fascism Revisited* (Boulder, CO: Social Science Monographs, 2012); Angelo Ventrone, *La seduzione totalitaria: Guerra, modernita, violenza politica: 1914–1918* (Rome: Donzelli, 2003); Emilio Gentile, *Fascismo: Storia e interpretazione* (Rome: Laterza, 2002); Giulia Albanese, "Brutalizzazione e violenza alle origini del fascismo," *Studi Storici* 1 (2014): 3–14; Sandra Deutsch, *Las Derechas: The Extreme Right in Argentina, Brazil, and Chile 1890–1939* (Stanford, CA: Stanford University Press, 1999); Joan Maria Thomàs,

Los fascismos españoles (Barcelona: Ariel, 2019)。

[16] 参见 Benito Mussolini, "Vivere pericolosamente" (1924), in Mussolini, *Opera omnia,* vol. 21, 40, 41。亦参见 Ernesto Giménez Caballero, "Tre fasi del generale Franco," *Gerarchia* (1937): 153; and *Genio de España* (Madrid: La Gaceta Literaria, 1932), 134, 318。

[17] 三处经文分别引自《罗马书》3：4；《约翰一书》2：22；《约翰福音》8：43—45。

[18] Leonardo Castellani, *Las canciones de Militis: Seis ensayos y tres cartas* (Buenos Aires: Ediciones Dictio, 1973), 61.

[19] 参见 Ernesto Giménez Caballero, *Genio de Espana: Exaltaciones a una resurreccion nacional y del mundo* (Zaragoza: Ediciones Jerarquía, 1938), 211; 以及他的 *Casticismo, nacionalismo y vanguardia: Antología, 1927–1935* (Madrid: Fundación Santander Central Hispano, 2005), 73, 105, 172。

[20] 参见 Giménez Caballero, *Casticismo, nacionalismo y vanguardia,* 73, 102, 103, 129, 160, 183, 241–42。

第八章　反对精神分析的法西斯主义

[1] Carlos Meneses, *Cartas de juventud de J. L. Borges* (1921–1922) (Madrid: Orígenes, 1987), 15.

[2] 参见 Leopoldo Lugones, "La formación del ciudadano," *La Nación,* February 13, 1938。

[3] Albérico S. Lagomarsino, *La cuestion judia: Su estudio analitico y critico* (Buenos Aires: n.p., 1936), 84–87.

[4] Virgilio Filippo, *Los judíos: Juicio histórico científico que el autor no pudo transmitir por L. R. S. Radio Paris* (Buenos Aires: Tor, 1939), 217.

[5] 弗洛伊德患癌症的部位实际上是下颌而非舌头。参见 Leonardo

Castellani, *Freud en cifra* (Buenos Aires: Cruz y Fierro, 1966), 11。包括卡斯泰拉尼在内的许多法西斯分子将维也纳与布宜诺斯艾利斯比较，声称两座城市“乌泱泱的”都是犹太人。参见 *Esperanza de Israel* (Buenos Aires: F. A. Colombo, 1938), 51。对于他们而言，两座城市都面临着来自一个卑贱的世界的污染，这个世界杂糅了古代和现代对基督教及其首要造物“白种人”的威胁。参见 Vezzetti 在导读中对卡斯泰拉尼颇具启发性的分析，Hugo Vezzetti, ed., *Freud en Buenos Aires, 1910–1939* (Buenos Aires: Puntosur, 1989), 71–72; Leonardo Castellani, “Sigmund Freud (1856–1939),” *La Nación,* October 8, 1939, sec. 2, 1–2。

[6] Adolf Hitler, *Mein Kampf* (New York: Mariner, 1999), 325.

[7] Gustavo Franceschi, “Como se prepara una revolución,” *Criterio,* September 14, 1933, 30; “Una Europa sin judíos,” *Bandera Argentina,* February 1, 1941, 1.

[8] Julio Meinvielle, “Catolicismo y nacionalismo,” *El Pueblo,* October 18, 1936, 3.

[9] Julio Meinvielle, *Entre la Iglesia y el Reich* (Buenos Aires: Adsum, 1937), 68.

[10] Fernando de Euzcadi, “Judaismo vs. Catolicismo,” *Timón,* no. 12 (1940). 转载于 Itzhak M. Bar-Lewaw, ed., *La Revista “Timón” y José Vasconcelos* (Mexico City: Edimex, 1971), 225。

[11] Ibid., 222–225.

[12] Filippo, *Los judíos,* 197.

[13] Virgilio Filippo, *El reinado de Satanás: Conferencias irradiadas dominicalmente a las* 13 *horas desde L. R.* 8, *Radio París de Bs. As.* (Buenos Aires: Tor, 1937), vol. 2, 109.

[14] 关于意大利的法西斯主义和精神分析学，参见 Piero Meldini, *Mussolini contro Freud: La psicoanalisi nella pubblicistica fascista* (Florence: Guaraldi, 1976); Michel David, *La psicoanalisi nella cultura italiana* (Turin: Boringhieri, 1966); Mauro Pasqualini, “Origin, Rise, and

Destruction of a Psychoanalytic Culture in Fascist Italy, 1922–1938," in *Psychoanalysis and Politics,* ed. Joy Damousi and Mariano Plotkin (New York: Oxford University Press, 2012); Roberto Zapperi, *Freud e Mussolini: La psicoanalisi in Italia durante il regime fascista* (Milan: Franco Angeli, 2013); Maddalena Carli, "Saluti da Vienna, o duce," *Il Manifesto,* September 25, 2014。关于精神分析学和反法西斯主义，参见 Eli Zaretsky, *Secrets of the Soul: A Social and Cultural History of Psychoanalysis* (New York: Knopf, 2004), 244–245。

[15] 参见 Fermi, "Psicanalisi e psicosintesi," *Gerarchia* (1935): 817; Roberto Suster, "Elementi di psicologia germanica," *Critica Fascista,* February 1934, 55; "Psicoanalisi e castità," *La Difesa della Razza,* November 20, 1941, 31。

[16] Benito Mussolini, "Labirinto comunista," in Benito Mussolini, *Opera omnia,* ed. Edoardo and Duilio Susmel (Florence: La Fenice, 1951–1962), vol. 26, 11–12.

[17] 卡斯泰拉尼称，"众所周知，一个真正的弗洛伊德主义者不会谴责它；弗洛伊德主义是一种宗教"；Juan Palmetta, "Fe de erratas: Freud. I. La Vida: Freudiana del niño," *Criterio,* October 5, 1939, 107。

[18] Plínio Salgado, *O doutrina do sigma* (Rio de Janeiro: Schmidt, 1937), 157–158.

[19] 参见 Ellevi, "Tra i libri," *Gerarchia* (1941): 57。亦参见 Lidio Cipriani, "Quale la vera responsabile: Albione o Israele?," *Gerarchia* (1940): 519; Ellevi, "La democracia, secolo d' oro dell' ebraismo," *Gerarchia* (1938): 806; Julius Evola, *Sintesi di Dottrina della Razza* (Milan: Hoepli, 1941), 148–149; Ernesto Pesci, *Lotta e destino di razza* (Alterocca: Terni, 1939)。

[20] 这一维度是法西斯分子独有的吗？正如 1944 年阿多诺对这种情况的解释，任何人或事物（即便弗洛伊德理论也不例外，当然也包括资本主义社会）都无法免于陷入这种主体成为"非真实"的模式。阿多诺指出，可以肯定的是，在弗洛伊德的思想中，资产阶级世界中

主体的解放与正常化之间存在一种张力。但值得注意的是，阿多诺提醒说，精神分析也可能成为“领袖行为应声虫”的危险，于是“真理被抛弃给了相对性，人民被抛弃给了权力”。如果“对自我深渊的恐怖”被完全正常化，自我被公式化的手段消除，精神分析作为对资产阶级社会全面异化的回应，可能起到使之常态化的作用。参见 Theodor W. Adorno, *Minima Moralia* (New York: Verso, 2005), 60–66。

[21] 参见 Giuseppe Maggiore, “Logica e moralità del razzismo,” *La Difesa della Razza,* September 5, 1938, 32; Alfonso Petrucci, “Morte dell'ultimo illusionista,” *La Difesa della Razza,* November 20, 1941, 27–28, 31。

[22] Domenico Rende, “Il pansessualismo di Freud,” *La Difesa della Razza,* October 5, 1938, 43, 45.

[23] 参见 Saul Friedlander, *Nazi Germany and the Jews: The Tears of Persecution, 1933–1939* (New York: HarperCollins, 1997), 172。亦参见 Sander Gilman, *Freud, Race, and Gender* (Princeton, NJ: Princeton University Press, 1993), 31。

[24] 关于这个主题，尤其参见 Meldini 开拓性的著作 *Mussolini contro Freud*。关于意大利“唯意志论”，可参见 Antonio Monti 的论文，“Contributo ad una sintesi storica del volontarismo,” *Gerarchia* (1936): 389–392。亦参见 Umberto Mascia, “Il volontarismo italiano da Roma al fascismo,” *Gerarchia* (1930): 1030–1034。

[25] 参见 Friedlander, *Nazi Germany and the Jews,* 191。亦参见 Enzo Traverso, *The Origins of Nazi Violence* (New York: New Press, 2003), 95。

[26] 参 见 Georges Sorel, *Reflections on Violence* (New York: Peter Smith, 1941), 137, 167。

第九章 民主与独裁

[1] Adolf Hitler, *Mein Kampf* (New York: Mariner, 1999), 316, 325–327.

[2] Ugo D'Andrea, “Teoria e pratica della reazione política,” *Critica*

Fascista, February 1, 1925, 41.

[3] 参见 Joseph Fronczak, "The Fascist Game: Transnational Political Transmission and the Genesis of the U.S. Modern Right," *Journal of American History* 105, no. 3 (December 2018): 586; Benjamin Zachariah, "A Voluntary Gleichschaltung? Indian Perspectives Towards a Non-Eurocentric Understanding of Fascism," *Transcultural Studies* 2 (2014): 82.

[4] Maria Hsia Chang, *The Chinese Blue Shirts Society* (Berkeley, CA: Institute of East Asian Studies, 1985), 27, 19–20.

[5] "El fascismo y la democracia," *El Fascio* (Madrid), March 16, 1933, 5.

[6] 参见 José Vasconcelos, "Otro fantasma: El nazismo en la América española," *Timón,* no. 11 (1940); and Editorial, *Timón,* no. 15 (1940)。两篇文章都转载于 Itzhak M. Bar-Lewaw, ed., *La Revista "Timón" y José Vasconcelos* (Mexico City: Edimex, 1971), 分别为第 138—139 页和第 102 页。

[7] 参见 Raul Ferrero, *Marxismo y nacionalismo: Estado nacional corporativo* (Lima: Editorial Lumen, 1937), 125, 187; R. Havard de la Montagne, "Démocratie politique et démocratie sociale," *Action francaise,* May 14, 1941, 1。

[8] Leopoldo Lugones, *El estado equitativo (Ensayo sobre la realidad Argentina)* (Buenos Aires: La Editora Argentina, 1932), 11.

[9] Leopoldo Lugones, *Politica revolucionaria* (Buenos Aires: Anaconda, 1931), 52–53, 65–66; Lugones, *El estado equitativo,* 9, 11.

[10] Leopoldo Lugones, "Un voto en blanco," *La Nación,* December 3, 1922. 亦参见 Leopoldo Lugones, *Escritos politicos* (Buenos Aires: Losada, 2009), 191。

[11] Leopoldo Lugones, "Ante una nueva perspectiva del gobierno del mundo," *La Fronda,* January 16, 1933, 7.

[12] 阿根廷的一些有趣的例子，参见国家总档案馆［下简称 AGN］，Archivo Agustín P. Justo, Caja 36, doc. 277, Reacción 1 quincena junio 1935, no. 1, "La Legión cívica argentina"; Guido Glave, *Economia*

dirigida de la democracia corporativa argentina (Buenos Aires: Imprenta L. L. Gotelli, 1936), 7, 25, 30, 135–136; AGN, Archivo Agustín P. Justo, Caja 104, doc. 151, February 28, 1942。

[13] AGN, Archivo Agustín P. Justo, Caja 49, doc. 29, Nueva Idea año 1, no.1, 19 enero 1935; Héctor Bernardo, *El regimen corporativo y el mundo actual* (Buenos Aires: Adsum, 1943), 52–54.

[14] Charles Maier, *Recasting Bourgeois Europe* (Princeton, NJ: Princeton University Press, 1988).

[15] 正如历史学家 António Costa Pinto 所评论的，“强有力的制度转移进程是两次世界大战期间独裁政权的标志……社团主义处于这一进程的前沿，既作为一种有组织的利益代表的新形式，也作为议会民主的一种威权主义替代方式。政治和社会社团主义的传播，与单一政党一起，成为欧洲独裁政权之间制度转移的标志，这对两次大战期间法西斯主义的一些僵化的二元论解释提出了挑战”。António Costa Pinto, *The Nature of Fascism Revisited* (New York: SSM—Columbia University Press, 2012), xix. 亦参见他的 *Latin American Dictatorships in the Era of Fascism* (London: Routledge, 2020)。

[16] 参见 Antonio Costa Pinto and Federico Finchelstein, ed., *Authoritarian Intellectuals and Corporatism in Europe and Latin America* (London: Routledge, 2019)。亦参见 António Costa Pinto, “Fascism, Corporatism and the Crafting of Authoritarian Institutions in Interwar European Dictatorships,” in *Rethinking Fascism and Dictatorship in Europe,* ed. António Costa Pinto and Aristotle A Kallis (Basingstoke: Palgrave Macmillan, 2014), 87; Matteo Passetti, “Neither Bluff nor Revolution: The Corporations and the Consolidation of the Fascist Regime (1925–1926),” in *In the Society of Fascists: Acclamation, Acquiescence, and Agency in Mussolini's Italy,* ed. Giulia Albanese and Roberta Pergher (Basingstoke: Palgrave Macmillan, 2012); Alessio Gagliardi, *Il corporativismo fascista* (Rome: Laterza, 2010); Philip Morgan, “Corporatism and the Economic Order,” in *The Oxford Handbook of*

Fascism, ed. R. J. B. Bosworth (Oxford: Oxford University Press, 2019), 150–165; Fabio Gentile, "O estado corporativo fascista e sua apropriação na era Vargas," in *Ditaduras—a desmesura do poder,* ed. Nildo Avelino, Ana Montoia, and Telma Dias Fernandes (São Paulo: Intermeios, 2015), 171–195。

[17] "社团主义是有纪律的，因而受管制的经济，因为你想不到不进行管制的纪律。社团主义克服了社会主义和自由主义,创造了新的综合。"参见 Benito Mussolini, *Opera omnia,* ed. Edoardo and Duilio Susmel (Florence: La Fenice, 1951–62), vol. 26, 95。

[18] 参见 Hanks Kelsen, *The Essence and Value of Democracy,* ed. Nadia Urbinati and Carlo Invernizzi Accetti (Lanham, MD: Rowman & Littlefield, 2013), 63–66。该书于 1920 年首次出版，1929 年修订。

[19] Francisco Franco, *Franco ha dicho* (Madrid: Ediciones Voz, 1949), 43.

[20] Francisco Franco, *Palabras del caudillo:* 19 *abril* 1937–31 *de diciembre* 1938 (Barcelona: Ediciones Fe, 1939), 176.

[21] Francisco Franco, *Discursos y mensajes del jefe del estado* (Madrid: Dirección General de Cultura Popular y Espectáculos, 1971), 75.

[22] Jorge Gonzalez von Marées, *El mal de Chile (sus causas y sus remedios)* (Santiago: Talleres gráficos "Portales," 1940), 121–122.

[23] A. F., "La démocratie et le mensonge," *Action francaise,* October 2, 1938.

[24] Jean-Renaud, "Chambre d' Incapables, de nuls, ou de pourris," *La Solidarite nationale: Seul organe officiel du Parti du faisceau francais,* July 15, 1937.

[25] AGN, Archivo Uriburu, Legajo 20, Sala VII 2596, Carpeta recortes s/n.

[26] 对乌里布鲁来说，法西斯主义使得社团主义现代化。他既反对犹太人，也反对法国大革命："1930 年的阿根廷革命者无法认真对待我们是反动派这一指责。[这种指责使用的是] 法国大革命的语言和观念。我们无法认真对待少数已经归化的公民，他们经历了遥远

的压迫之苦，却被自己的恶意丑化，说什么我们的目的是输入外国选举制度。” AGN, Archivo Uriburu, Legajo 20, Sala VII 2596, Carpeta recortes s/n.

[27] Franco, *Franco ha dicho,* 237, 242.

[28] Franco, *Palabras del caudillo,* 149, 161, 276, 278.

第十章 毁灭的力量

[1] Georges Valois, *La Revolution nationale* (Paris: Nouvelle librairie nationale, 1926), 81. 关于逻辑真理与永恒真理的区分，参见 Sophia Rosenfeld, *Democracy and Truth* (Philadelphia: University of Pennsylvania Press, 2019), 15; Hannah Arendt, “Truth and Politics,” *New Yorker,* February 25, 1967。

[2] 参见 Massimo Scaligero (Antonio Massimo Sgabelloni), “Principi di etica fascista,” *Meridian* (January 1936): 9–10。如荷兰法西斯分子 De Vries De Heekelingen 所言，“法西斯主义并不取消个体，而是使个体成为附属品”。H. De Vries De Heekelingen, “Bismark e Mussolini,” *Critica Fascista,* September 1, 1926, 322. 至于博塔伊的信件，参见意大利罗马中央国家档案馆，Archivi Fascisti, Segreteria Particolare del Duce, Carteggio riservato, B4 F BOTTAI GIUSEPPE SF 2。

[3] Leopoldo Lugones, “Elogio de Maquiavelo,” *Repertorio Americano,* November 19, 1927, 298.

[4] 参见 Sigmund Freud, *Civilization and Its Discontents* (New York: Norton, 1962), 8–9, 92。

[5] 参见 Sigmund Freud, *The Letters of Sigmund Freud,* ed. Ernst L. Freud (New York: Basic Books, 1960), 283。

[6] Sigmund Freud, *Moses and Monotheism* (New York: Vintage, 1939), 67; Ernest Jones, *The Life and Work of Sigmund Freud* (New York: Basic Books, 1957), vol. 3, 183–184.

[7] 关于弗洛伊德与法西斯主义，参见拙作 *El mito del fascismo: De Freud a Borges* (Buenos Aires: Capital Intelectual, 2015), 43–77。

[8] Antonio Gramsci, *Passato e presente* (Rome: Editori Riuniti, 1979), 284.

[9] Theodor Adorno, "Anti-Semitism and Fascist Propaganda" (1946), in *Gesammelte Schriften* (Frankfurt: Suhrkamp, 1990), vol. 8, 406–407.

[10] José Carlos Mariátegui, *Obra politica* (Mexico City: Era, 1979), 121–122.

[11] 参见 Benito Mussolini, *Opera omnia,* ed. Edoardo and Duilio Susmel (Florence: La Fenice, 1951–62), vol. 7, 98。

[12] Mariátegui, *Obra politica*, 121–122.

[13] Adorno, "Anti-Semitism and Fascist Propaganda," 401–402, 407.

[14] Hannah Arendt, "Approaches to the German Problem," in *Essays in Understanding* 1930–1954, ed. Jerome Kohn (New York: Harcourt Brace, 1994), 111–112.

[15] Jorge Luis Borges, "Letras alemanas: Una exposición afligente," *Sur* 8, no. 49 (1938): 67; Jorge Luis Borges, *Obras completas* IV (Barcelona: Emecé, 1996), 378, 442.

[16] Borges, *Obras completas* IV, 427, 442–444.

[17] 参见 Benito Mussolini, *Scritti e discorsi di Benito Mussolini* (Milan: Hoepli, 1934), vol. 5, 190。

结语　民粹主义对历史的战争

[1] 参见 "Welcome to Dystopia—George Orwell Experts on Donald Trump," *The Guardian*, January 25, 2017; Henry Giroux, " 'Shithole countries' : Trump Uses the Rhetoric of Dictators," *Conversation,* January 10, 2018; Adam Gopnik, "Orwell's '1984' and Trump's America," *New Yorker,* January 27, 2017。

[2] 参见 Paul Farhi, "Lies? The News Media Is Starting to Describe Trump's

'Falsehoods' That Way," *Washington Post,* June 5, 2019; Katie Rogers, "An Orwellian Tale? Trump Denies, Then Confirms, 'Nasty' Comments about Meghan Markle," *New York Times,* June 5, 2019; "In 828 Days, President Trump Has Made 10,111 False or Misleading Claims," *Washington Post,* April 27, 2019; Glenn Kessler, Salvador Rizzo, and Meg Kelly, "President Trump Has Made 13,435 False or Misleading Claims over 993 Days," *Washington Post,* October 14, 2019。至于其他例子，参见 Susan B. Glasser, "It's True: Trump Is Lying More, and He's Doing It on Purpose," *New Yorker,* August 3, 2008; Stephen Walt, "Does It Matter That Trump Is a Liar?," *Foreign Policy,* September 17, 2018。

[3] Michelle Boorstein, "Sarah Sanders Tells Christian Broadcasting Network: God Wanted Trump to Be President," *Washington Post,* January 30, 2019; Andrew Restuccia, "The Sanctification of Donald Trump," *Politico,* April 30, 2019; "Trump to the National Prayer Breakfast: 'I will never let you down. I can say that. Never,' " *Washington Post,* February 7, 2019; "Trump Says He's 'So Great Looking and Smart, a True Stable Genius,' in Tweet Bashing 2020 Dems," *USA Today,* July 11, 2019; John Wagner, "Trump Quotes Conspiracy Theorist Claiming Israelis 'Love Him Like He Is the Second Coming of God,' " *Washington Post,* August 21, 2019; Chris Moody, "Donald Trump: 'God is the ultimate,' " CNN, September 23, 2015.

[4] 参见 Claudia Koonz, *Mothers in the Fatherland: Women, the Family, and Nazi Politics* (New York: St. Martin's Press, 1987), 268。

[5] Peter Longerich, *Goebbels: A Biography* (New York: Random House, 2015), 696.

[6] Amy Sullivan, "Millions of Americans Believe God Made Trump President," *Politico,* January 27, 2018.

[7] Nick Givas, "Trump Tells Reporters He's 'Always Right' during Oval Office Press Conference with Polish President," *Fox News,* June 12, 2019, www.foxnews.com/politics/trump-tells-media-always-right-cnn. 亦参见

Ittai Orr, "Why His Fans Think Trump Has 'Great and Unmatched Wisdom,' " *Washington Post,* October 8, 2019。

[8] Bob Bauer, "Trump's Voter-Fraud Lies Are a Betrayal of His Oath," *Atlantic,* November 19, 2018.

[9] Arnie Seipel, "Fact Check: Trump Falsely Claims a 'Massive Landslide Victory,' " NPR, December 11, 2016, www.npr.org/2016/12/11/505182622/factcheck-trump-claims-a-massive-landslide-victory-but-history-differs.

[10] 参见 Nadia Urbinati, *Democracy Disfigured: Opinion, Truth, and the People* (Cambridge, MA: Harvard University Press, 2014), 153。亦参见 Nadia Urbinati, *Me the People: How Populism Transforms Democracy* (Cambridge, MA: Harvard University Press, 2019)。关于民粹主义，亦参见 Carlos de la Torre, ed., *Routledge Handbook on Global Populism* (London: Routledge, 2018); Jan-Werner Müller, *What Is Populism?* (Philadelphia: University of Pennsylvania Press, 2016); Cas Mudde and Cristóbal Rovira Kaltwasser, *Populism: A Very Short Introduction* (Oxford: Oxford University Press, 2017)。

[11] 参见拙作 *From Fascism to Populism in History,* 252–253。

[12] Ibid., 199.

[13] Ibid., 207–208. 关于法西斯主义与民粹主义，亦参见 Mabel Berezin, "Fascism and Populism: Are They Useful Categories for Comparative Sociological Analysis?," *Annual Review of Sociology* 45 (2019): 345–361。

[14] www.haaretz.com/world-news/.premium-how-netanyahu-became-aholocaust-revisionist-1.6744462; www.haaretz.com/israel-news/netanyahuabsolves-hitler-of-guilt-1.5411578.

[15] 关于这个主题，参见拙作 *From Fascism to Populism in History* (Oakland: University of California Press, 2019) 平装本序言 , xviii。

[16] Hannah Arendt, *Between Past and Future: Eight Exercises in Political Thought* (New York: Penguin, 2016), 228.

[17] Ruth Ben-Ghiat, "How to Push Back against Trump's Propaganda Machine," *Washington Post,* September 20, 2018. 亦参见 Patrick Iber, "History in an Age of Fake News," *Chronicle of Higher Education,* August 3, 2018。

[18] Juan Domingo Perón, *Obras completas* (Buenos Aires: Docencia, 1998), vol. 24, 468.

[19] 特朗普如此说到墨索里尼的声明："这句引文非常好，它恰到好处，我知道它……我知道是谁说的。是墨索里尼还是其他人有什么区别吗？这句引文当然恰到好处。"参见 Jenna Johnson, "Trump on Retweeting Questionable Quote: 'What difference does it make whether it's Mussolini,' " *Washington Post,* February 28, 2016; Peter Longerich, *Goebbels: A Biography* (New York: Random House, 2015), 71; Katie Shepherd, " 'Beyond repugnant': GOP Congressman Slams Trump for Warning of 'Civil War' over Impeachment," *Washington Post,* September 30, 2019。关于纳粹主义及其对基督教符号和语言的利用，参见 Ian Kershaw, *The "Hitler Myth": lmage and Reality in the Third Reich* (Oxford: Oxford University Press, 1987)。

[20] 博索纳罗曾在 1999 年称，"通过投票你们不会改变这个国家的任何东西，什么都不会，绝对不会！要想让事情改变，很不幸，只有等到你们有一天开启内战，做军事政权没有做过的工作的时候。杀掉三万人，从 FHC［巴西前总统费尔南多·恩里克·卡多佐］开始，不要让他逃脱，杀！死一些无辜的人没什么。在战争中，无辜的人都会死"。Kiko Nogueira, "Sou a favor da tortura. Através do voto, você não muda nada no país. Tem que matar 30 mil," *Diario do Centro do Mundo*, October 4, 2017.

[21] 参见 Bruno Biancini, ed., *Dizionario mussoliniano: Mille affermazioni e definizioni del Duce* (Milan: Hoepli, 1939), 58; Javier Lafuente, "Bolsonaro: 'Esta misión de Dios no se escoge, se cumple,' " *El Pais,* October 29, 2018。

[22] 正如历史学家 Mark Mazower 解释的，"我们倾向于将法西斯主义病

态化，这使得它的兴起更加费解”。参见 Mark Mazower, “Ideas That Fed the Beast of Fascism Flourish Today,” *Financial Times*, November 6, 2016。

[23] 正如历史学家 Sophia Rosenfeld 在评价美国总统的封闭世界时说的，“在特朗普之地，真相变成假象，假象伪装成真相”。参见 Sophia Rosenfeld, *Democracy and Truth* (Philadelphia: University of Pennsylvania Press, 2019), 7。

[24] Josh Dawsey, “Trump Derides Protections for Immigrants from ‘Shithole’ Countries,” *Washington Post*, January 12, 2018.

版权合同登记号 06-2021 年第 96 号

图书在版编目(CIP)数据

法西斯谎言简史 / (阿) 费德里科・芬切尔斯坦著；张见微译.
— 沈阳：辽宁人民出版社；桂林：广西师范大学出版社, 2021.11
书名原文: A Brief History of Fascist Lies
ISBN 978-7-205-10277-7

Ⅰ. ①法… Ⅱ. ①费… ②张… Ⅲ. ①法西斯主义—历史 Ⅳ. ①D51

中国版本图书馆CIP数据核字(2021)第189592号

出版发行：辽宁人民出版社

地址：沈阳市和平区十一纬路 25 号　邮编：110003
电话：024-23284321（邮　购）　024-23284324（发行部）
传真：024-23284191（发行部）　024-23284304（办公室）
http://www.lnpph.com.cn

印　　刷：北京九天鸿程印刷有限责任公司
幅面尺寸：130mm × 185mm
印　　张：6.5
字　　数：96千字
出版时间：2021年11月第1版
印刷时间：2021年11月第1次印刷
责任编辑：盖新亮
特约编辑：任建辉
封面设计：山川制本 workshop
版式设计：燕　红
责任校对：吴艳杰
书　　号：ISBN 978-7-205-10277-7

定　　价：54.00元

一頁 folio

始于一页，抵达世界

Humanities · History · Literature · Arts

出品人 范　新

特约编辑 任建辉

版权总监 吴攀君

印制总监 刘玲玲

营销总监 张　延

装帧设计 山川制本 workshop

内文制作 燕　红

Folio (Beijing) Culture & Media Co., Ltd.

Bldg. 16C, Jingyuan Art Center,
Chaoyang, Beijing, China 100124

一頁 folio
微信公众号

官方微博：@ 一頁 folio ｜官方豆瓣：一頁 folio ｜联系我们：rights@foliobook.com.cn